高等学校法学系列教材·基础与应用

犯罪学

荣月◎著

清华大学出版社
北京

内 容 简 介

本书以通说为主,结合典型案例,系统介绍了犯罪学的发展历史及现状;对犯罪现象、犯罪原因、犯罪预防等内容进行了深入研究;运用法学、社会学、心理学、经济学、教育学等学科知识,系统分析了犯罪活动的特点及规律。在此基础上,本书探索犯罪活动成因,预测犯罪活动的发展趋势,提出既有一定理论深度,又便于操作的预防和控制犯罪的基础思想和方法策略,力求满足教学实践的同时,能够为理论研究提供一定的素材。

本书框架清晰明确,内容简洁明了,可作为高等院校法学专业本科及专升本的教材使用。

图书在版编目(CIP)数据

犯罪学 / 荣月著.—北京:清华大学出版社,2023.10
高等学校法学系列教材.基础与应用
ISBN 978-7-302-64775-1

Ⅰ.①犯… Ⅱ.①荣… Ⅲ.①犯罪学—高等学校—教材 Ⅳ.①D917

中国国家版本馆 CIP 数据核字(2023)第 204786 号

责任编辑:刘 晶
封面设计:汉风唐韵
责任校对:王荣静
责任印制:沈 露

出版发行:清华大学出版社
  网 址:https://www.tup.com.cn,https://www.wqxuetang.com
  地 址:北京清华大学学研大厦 A 座   邮 编:100084
  社 总 机:010-83470000   邮 购:010-62786544
  投稿与读者服务:010-62776969,c-service@tup.tsinghua.edu.cn
  质量反馈:010-62772015,zhiliang@tup.tsinghua.edu.cn
印 装 者:三河市天利华印刷装订有限公司
经 销:全国新华书店
开 本:185mm×260mm   印 张:10   字 数:201 千字
版 次:2023 年 11 月第 1 版   印 次:2023 年 11 月第 1 次印刷
定 价:59.80 元

产品编号:094719-01

作 者 简 介

荣月,吉林大学刑法学博士,吉林师范大学经济管理与法学学院讲师。

主要研究方向:刑法学、犯罪学、犯罪心理学。

讲授课程:刑法学、犯罪学、犯罪心理学、法学方法论、司法口才训练、外国刑法学等。

参与完成国家社科项目 1 项、参与完成吉林省社科项目 4 项、主持完成吉林省教育厅项目 1 项、四平市社科项目 3 项。发表学术论文 30 余篇,出版学术专著《量刑规则的体系性建构》(2020)。

本书的出版得到了吉林师范大学的资助

编 写 说 明

　　作为在吉林师范大学从教多年的法学专业教师，我自参加工作以来，一直从事犯罪学这门课程的教学和科研工作，对于犯罪学这门课程有着非常浓厚的科研兴趣，对相关教学工作也保持着极高的热情，自然也对这门课程有着深厚的感情。多年来，我一直想编写一本犯罪学教材，如今书稿终于付梓，内心很是欣喜。

　　19 世纪 70 年代，犯罪学作为一门独立学科出现，到目前为止，这门独立学科经历了一百多年的发展，形成了诸多理论流派。与其他人文社会科学有所不同，犯罪学理论中关于犯罪概念的界定，显示出其异常的复杂性。"犯罪学"这个词是由拉丁文"Crimen"（犯罪）和希腊文"logos"（学说）组成，意思是"犯罪学说"。在科学史上，最早使用犯罪学这一概念的是法国人类学家托皮纳尔，他在 1879 年出版的《人类学》中第一次提出了"犯罪学"一词。在该书中，托皮纳尔将犯罪学的概念界定为研究犯罪行为问题的学科。到了 1885 年，意大利犯罪学家加罗法洛出版了《犯罪学》，加罗法洛在这本书中将"犯罪学"的概念定义为"犯罪人和犯罪行为的科学"。英文中的"犯罪学"（criminology）一词，最早是在 1890 年出现的。此后，犯罪学这一概念便被普遍采用了。由于犯罪涉及人的行为，对于什么是犯罪，如何定义犯罪，从哪个角度、什么范围研究犯罪，人们的认识是多种多样的，因此，就出现了各种各样的关于犯罪的概念，也正是由于犯罪概念的复杂，引起了犯罪学概念在界定上的困难。犯罪学的学科概念是建立在犯罪学中"犯罪"概念的基础之上的，必须先科学界定犯罪学中关于"犯罪"的概念，才能界定犯罪学的学科概念。通过对犯罪行为范围的了解，我们可以知晓：犯罪学中研究的犯罪远远广于刑法学中研究的犯罪。因此，将犯罪学中的犯罪概念界定为：犯罪学中的犯罪是指除了刑法典规定的犯罪行为之外，还包括一些未达到犯罪程度的严重违法行为和卖淫、吸毒等社会病态行为。即犯罪学中的犯罪是一种社会法律现象。这样界定犯罪概念，就使得犯罪学对犯罪的研究与刑法学对犯罪的研究相对分离，把一些未达到犯罪程度的严重违法行为和社会病态行为纳入犯罪学的研究范围，以突出犯罪学的研究宗旨。对于犯罪学的上位概念——犯罪学中的犯罪概念进行界定之后，就可以科学地界定犯罪学的学科概念：犯罪学是研究一定历史阶段的犯罪现象、犯罪原因和犯罪预防的科学。在我国，犯罪学是运用法学和社会学等多种学科的研究成果和基本方法，研究我国犯罪现象产生、发展、变化的规律，以及导致犯罪的主客观原因和控制、防治犯罪的对策的学科。

　　犯罪学具体的研究对象主要包括三个部分：犯罪现象、犯罪原因、犯罪预防。

　　就学科性质而言，犯罪学是一门综合性的基础理论学科，也是一门实践性极强的学科。犯罪学对犯罪现象、犯罪原因、犯罪预防等内容进行深入研究,运用法学、社会学、心理学、经济学、教育学等学科知识,系统分析犯罪活动的现状、特点,研究犯罪活动规律,探索犯罪活动成因,预测犯罪活动的发展趋势,提出既有一定理论深度,又可操作的预防和控制犯罪的基础思想方法和策略。犯罪学这门学科的理论思想与案例,对于其他法学学科的研究与发展具有一定的理论意义与实践价值。犯罪学自其产生以后至今,经历了一百多年的历史,已经形成了自己的学科群,具备了一级学科的条件和资格。具体而言,犯罪学已经形成一个以犯罪学为核心的学科群,不仅有许多二级学科,例如犯罪心理学、犯罪社会学、犯罪人类学、犯罪生物学、犯罪统计学等,而且还具备支撑犯罪学学科存在和发展的基础理论学科群,如政治学、经济学、法学、社会学、人类学、心理学、统计学等,这些学科奠定了犯罪学的理论基础。

刑法学是部门法学中重要的学科,它是研究刑法及其所规定的犯罪与刑罚的学科。严格地说,刑法学作为一门相对独立的法律学科形成于 18 世纪欧洲资产阶级革命时期。理论界一般认为,意大利著名刑法学家贝卡利亚在 1764 年出版的《论犯罪与刑罚》一书,是资产阶级刑法学的奠基之作。而社会主义刑法学则是在俄国十月革命胜利之后才诞生的。苏联的一批刑法学家,以马克思列宁主义为指导,在总结本国刑事立法和司法实践经验并批判地借鉴资产阶级刑法学研究成果的基础上,创立了与资产阶级刑法学具有根本区别的社会主义刑法学理论体系,为我们留下了宝贵的学术财富。当代中国的刑法学,萌芽于新民主主义革命根据地时期,创建于中华人民共和国成立之后,也在一定程度上受到了苏联刑法学的影响。刑法学的研究对象是刑法以及其所规定的犯罪与刑罚。而犯罪学是研究一定历史阶段的犯罪现象、犯罪原因和犯罪预防的科学。在犯罪学的发展过程中,古典刑事法学对其影响较大。

因此,犯罪学与刑法学之间,既有着密切的联系,又有所区别。

二者的联系表现在三个方面。第一,犯罪学中的犯罪概念是以刑法学中的犯罪概念为基础的。犯罪学中的犯罪概念,是从行为的违法性和反社会性两个角度来进行界定的。而行为的违法性是以刑法作为判断标准的。第二,刑法学对于犯罪行为和犯罪人的分类方法是犯罪学研究的必要参考条件。在现实社会中,犯罪现象千奇百怪,犯罪人及其犯罪行为也是五花八门,极其复杂,要想透过复杂的犯罪现象,揭示出犯罪的本质、规律和原因,从而更好地寻求预防犯罪的对策,犯罪学就必须借助刑法学对犯罪行为的分类和对犯罪人的分类方法,确定犯罪的指标体系,并对各种具体犯罪,如杀人、抢劫、盗窃、诈骗等行为进行研究。第三,犯罪学与刑法学的研究成果具有互补性。刑法学研究的刑罚制度和惩罚方法也是犯罪学研究的重要内容。反之,犯罪学对犯罪现象、犯罪原因和犯罪预防的研究成果也对刑法学研究罪犯的主观恶性程度、量刑原则、刑罚的制度、种类等方面提供理论和实践依据,二者共同为刑事立法和刑事司法服务。

二者的区别主要表现在三个方面。第一,犯罪学的研究对象是犯罪现象、犯罪原因和犯罪预防;而刑法学的研究对象是犯罪与刑罚。二者的研究对象虽然有交叉的地方,但研究的角度和侧重点是不同的。以盗窃罪为例：对盗窃罪的研究，刑法学注重研究盗窃罪的犯罪构成要件、盗窃财物的数额以及应判处的刑罚；而犯罪学则注重研究盗窃罪的特点、规律、产生的主客观原因，以及预防措施等。第二，刑法学是一门规范性法学，以刑法典和刑事法律解释为依据，对犯罪现象进行规范性研究，注重揭示其犯罪的法律特征，以及罪与刑之间的关系。而犯罪学则是一门实证学科，它以已经发生的犯罪现象作为事实依据，研究犯罪的特点、规律、形成原因及预防途径和方法。即由于二者的学科性质的不同，从而决定了各自研究的角度和侧重点的不同。第三，犯罪学的研究内容广于刑法学，因为犯罪学的研究内容不仅包括刑法所规定的犯罪行为，也包括其他法律所规定的违法行为以及社会病态行为。

本书共分为三编：第一编"犯罪学导论"，本部分共分为三章（第一章犯罪学概述，第二章西方犯罪学简介，第三章中国犯罪学思想概览）；第二编"犯罪学总论"，本部分共分为四章（第四章犯罪现象，第五章犯罪行为、犯罪人与犯罪被害人，第六章犯罪原因，第七章犯罪预防）；第三编"犯罪学分论：几种典型的犯罪类型"，本部分共分为六章（第八章毒品犯罪，第九章传销型犯罪，第十章女性犯罪，第十一章暴力犯罪，第十二章未成年人犯罪，第十三章职务犯罪）。本教材的特色是框架鲜明、思路清晰、简洁明了。本教材的主要适用对象包括高等学校法学专业本科生及专升本学生等。

最后，我向帮助我完成本书编写工作的个人和单位致谢：感谢我的母亲王桂荣女士给予我长期的鼓励与支持；感谢吉林师范大学对本教材给予的资助；感谢我的师兄王志远教授在本书写作过程中给予的指导与帮助。

荣月

2023 年 8 月 15 日于吉林师范大学第十一教学楼

目 录

第一编　犯罪学导论

第一章　犯罪学概述

第一节　犯罪学的起源、萌芽与形成

一、犯罪学的起源

犯罪学作为一门独立学科,是以犯罪现象的出现为前提产生的,而犯罪现象则是伴随着国家的产生而产生的。

在国家产生之前,人类的社会组织形式是原始氏族社会,恩格斯对原始氏族社会作过生动的描述:"这种十分单纯质朴的氏族制度是一种多么美妙的制度呵!没有军队、宪兵和警察,没有贵族、国王、总督、地方官和法官,没有监狱,没有诉讼,而一切都是有条有理的……一切问题,都由当事人自己解决,在大多数情况下,历来的习俗就把一切调整好了。"[1]

恩格斯的这段描述说明:原始社会的社会调整行为并不是依靠法律,而是靠习俗来进行的。法律与习俗最本质的区别在于:法律是以国家强制力作为后盾的,而习俗是约定俗成的,是依靠人们自觉遵守的。犯罪现象是与国家相伴而生的。犯罪现象产生后,必然会不同程度地破坏社会的正常秩序,不利于统治阶级的统治,这就在客观上提出了新的问题,即需要对犯罪现象进行研究和阐释,进而寻求预防对策,这就为犯罪学学科的出现提供了客观的基础。

然而,早期关于犯罪现象的研究并不等于犯罪学作为一门学科的正式诞生,这就如同我们每一个人的成长,必须经历婴幼儿时期、少年时期、青年时期,然后才会步入中年时期。同样,早期的犯罪学思想就如同人的婴幼儿时期,尽管稚嫩,但是其对于犯罪学作为一门独立学科的发展与形成却是必不可少的。

从早期犯罪学思想的产生到犯罪学的萌芽,再到犯罪学作为一门独立学科的正式形成,经历了一个漫长的过程。

（一）早期的犯罪学思想

什么是犯罪?为什么会产生犯罪?这些问题自古以来就引起了人们的争议和思索。

---

[1]《马克思恩格斯选集》(第4卷),92～93页,北京:人民出版社,1972。

历代统治阶级总是把一切反抗与破坏其统治秩序的行为视为犯罪,并通过国家制定的法律对其进行最严厉的惩罚,以维护统治阶级的根本利益。因此,对于统治阶级而言,什么是犯罪、如何惩罚犯罪等问题,只需要通过国家制定法律就可以解决。而对于哲学家和思想家来说,他们所注意的中心问题已经不单纯是犯罪的概念和如何惩罚犯罪的问题了,而是主要是集中于"为什么会产生犯罪及如何防止犯罪"等方面的问题。

1. 国外早期的犯罪学思想

关于犯罪问题的阐述,可以追溯到早期的奴隶社会时期。例如,古希腊的著名思想家苏格拉底、柏拉图、亚里士多德等人就有关于犯罪问题的论述。他们把犯罪看作是一种疾病,认为犯罪有遗传性,犯罪与人的生理和心理有关。

(1)苏格拉底的犯罪学思想

苏格拉底从人的生理特征对犯罪原因加以阐述。在古希腊,有一位骨相专家,他根据苏格拉底的面容,断定他残忍而且容易感情用事。苏格拉底认为这一判断是正确的,因为他自己也是一名骨相专家,他认为黑脸孔并且有恶相者,容易犯罪。

(2)柏拉图的犯罪学思想

柏拉图的法律思想集中体现在他的三部著作中,即《理想国》《政治家》和《法律篇》。他在《理想国》中围绕正义的问题,对法律应处罚不正义行为进行过论述。他认为:法律是维护正义的手段,而不正义的行为是人的一种恶性的表现。在一个人的品行中,具有"较善"和"较恶"两个部分,如果"较善"的部分能控制"较恶"的部分而占优势,就要受到赞扬;反之,就要受到责备。他还认为,如果一个人的"较善"的部分占优势,完全处于支配地位,那么就有了正义,就用不着法律了。但是如果一个人对其恶性放松控制,其兽性的一面就会活跃起来。这时就必须使用法律的力量,禁止人们放纵欲望。那些有不正义行为的人,一旦被揭露,就必须受到惩罚,其恶行就被抑制。

可见,柏拉图所说的不正义行为中包括犯罪行为和不道德行为,而他认为这些行为的根源不是当时的奴隶社会的社会制度,而是人的本性中的恶性。但柏拉图也指出,不良的教育和环境影响,也会促使人的恶性占优势,以至于使人作恶。这种对犯罪的个人原因的认识,应当说是他对犯罪的主观原因的初步探索。但是,柏拉图把法律问题和道德问题等同起来,没有明确区分犯罪行为和不道德行为。

(3)亚里士多德的犯罪学思想

亚里士多德提出了较为系统的犯罪学思想。他在《政治学》中指出,犯罪既有人类本性的因素,也有生活条件的原因,而人的罪恶本性是犯罪的根本原因,犯罪行为是由犯罪人的犯罪习惯和动机决定的。"人间的争端或城邦的内乱并不能完全归因于财富的失调,地位或荣誉的不平等也常常会引起争端。""世间重大的罪恶往往不是起因于饥寒,而是产生于放肆。"

具体来说,亚里士多德将犯罪分为三种情况:①由于缺乏衣食而犯罪;②在温饱之余,受情欲驱使而犯罪;③由于追求无穷的权威和肆意纵乐而犯罪。

针对这三种情况,亚里士多德分别提出了三种解决办法:①给予相应的资财和职业;②培养克己复礼的品性(克己复礼,即指能够用礼来约束自己);③加强道德修养,进行教育,使其知足而与世无争。

以上是古希腊时期较具有代表性的学者的犯罪学思想,下文简要介绍一下古罗马时期几位具有代表性的学者的犯罪学思想。

(1)西塞罗的犯罪学思想

西塞罗是古罗马著名的政治活动家。他认为,犯罪是由个人的心理原因造成的,犯罪人应当受到良心的折磨;犯罪人具有品德上的缺陷,解决犯罪问题需要恢复犯罪人的理性。同时,他还提出了罪刑相适应的原则,认为"对于违反任何法律的惩罚应与犯法行为相符合"。

(2)维吉尔和贺拉斯的犯罪学思想

对犯罪问题进行过阐述的还有古罗马诗人维吉尔和贺拉斯。他们注意到了经济条件与犯罪的关系问题,并在他们的作品中对此问题进行论述。

(3)盖仑的犯罪学思想

医学家盖仑认为,如果犯罪是由于天性,那么刑罚对犯罪人就是无效的。

古希腊和古罗马时期对于犯罪问题的探讨和研究大多是从人性善恶、道德标准等角度进行的,受到当时科学发展水平以及人们认识能力的制约,他们的论述难免具有时代的局限性。但这些关于犯罪的思想对于犯罪学的形成还是有一定价值的,起到了思想启蒙的作用。

2. 国内早期的犯罪学思想

作为四大文明古国之一,我国对犯罪问题的探讨和其他领域的研究一样历史悠久。翻开诸子百家书籍,就会发现其中闪耀着很多关于犯罪问题的光辉思想。尽管由于历史条件的限制,我国没有成为犯罪学的发源地,但是从奴隶社会瓦解时起,诸子百家中就有一些学者对犯罪的原因和治理对策作了很多颇有见地的论述。此后,从我国封建社会形成时期到发展时期乃至封建社会的衰落时期,有一大批学者相继对犯罪问题提出了自己的主张和见解。

从内容上看,我国早期关于犯罪问题的研究主要集中在犯罪的概念、犯罪产生的原因和刑罚的运用与适用三个方面。

(1)关于犯罪的概念

概括来看,关于犯罪的概念主要有三种观点。

①犯罪是危害社会的行为

李悝,战国初期政治家、法家代表人物,代表作为《法经》六篇。他第一次用成文形式将封建法权固定下来。在谈到统治者的最大政务时李悝说,"王者之政,莫急于盗贼"。盗,是指侵犯财产类的犯罪;贼,是指侵犯人身权利类的犯罪。盗与贼是社会上最为频发的危害现象,是王者之政要解决的最急迫的问题。很显然,他是从犯罪的特有危害性出发,对犯罪给予的界定。

②犯罪是法律所禁止的行为

墨子,即墨翟,春秋、战国时期思想家。他在谈到犯罪的实质时认为:"罪,犯禁也;""罪不犯禁,唯害无罪。"这就是说,犯罪是统治阶级以法的形式所禁止的行为,有些行为虽然对社会有危害性,但如果法律没明确禁止也不为罪。

③犯罪是统治阶级主观意志评定的相对性行为

庄子,即庄周,战国时期思想家。他在谈到统治阶级对同为"窃"行的评定时认为:"彼窃钩者诛,窃国者为诸侯。"这种"胜者诸侯败者贼"的思想指出了犯罪的相对性特征。

(2)关于犯罪产生的原因

①人性与犯罪

人性,一般是指人类与生俱来的品质和性情。关于人性,至少应该考虑以下两个问题。

第一,是否存在着与生俱来的普遍的人性。

一般认为,普遍的人性是存在的,因为人类作为一个物种,存在着普遍的生物学遗传特征。有些社会学家和人类学家怀疑到底是否存在一种所谓普遍的人性。他们认为,所谓的人性是在一定文化背景下培养出来的,具有极大的可塑造性和伸缩性。如果人性只是一种后天习得的现象,那么它显然依赖于社会化的类型和进程。但是,虽然这些社会学家或人类学家在理论上可能否认人性的存在,但在实际的研究中却经常暗含着对人性的假定。

如果认为人性是存在的,那么就会出现以下问题。

第二,人性的基本内容是什么。

关于这一点,很难得到一致的答案。中国古代思想家经常从人性的角度去揭示犯罪产生的本质原因。关于中国古代思想家对人性的基本内容的论述,具有代表性的观点有以下几种。

性善论。其代表人物是战国的思想家孟子,即孟轲。他认为,人性天生是善的,所以"人皆可为尧舜"。他的立论依据是,"恻隐之心,人皆有之"。因此,只要顺着人的天性,人就可以为善;那些不为善的人,不是天性决定的,而是后天形成的。

性恶论。其代表人物为战国时的思想家荀子,即荀况。他认为,人之性恶,其善者伪也。要有"师法之化,礼仪之道",才可以为善。他的立论依据是,人天生就有贪利、贪欲、憎恨的一面,如果顺着人的本性自然发展下去,就会相互争夺、彼此残害、破坏秩序、造成暴乱。

无分善恶论。其代表人物是战国时期的思想家告子。他认为,人性并无善恶之分。他的立论依据是,性犹湍水也,决诸东方则东流,决诸西方则西流。人性之无分善不善也,犹水之无分东西也。也就是说,人性就像湍急的水流,哪里有缺口就往哪里流,完全取决于后天环境的影响。

亦善亦恶论。其代表人物是东汉思想家王充。他的立论依据是,"人性有善有恶,犹人才有高有下也。高不可下,下不可高。谓性无善恶,是谓人才无高下也"。在王充之前,西汉文学家扬雄也认为,"人之性也善恶混,修其善则为善人,修其恶则为恶人"。

"性三品"与"性二气"论。西汉时期的儒学大师董仲舒提出了"性三品"论,即按照人品划分人性,把人品分为三个等级:上品之人天生就是善的,当然不可能犯罪;中品之人可以为善也可以为恶,需要教化决定其善恶;下品之人(所谓斗筲之徒,筲,音同"烧",水桶,多用竹子或木头制成;斗筲之徒即气量狭小、才识短浅之人)天生为恶,是天生的犯罪人。

南宋理学大师朱熹提出"性二气"论。他把人性分为"天命之性"和"气质之性",天命之性就是先天的秉性,是至善的;而气质之性即人的知觉、感情、欲望等,是有善有恶的。

人性"趋利避害"论。这是西方流行的人性论观点,我国古代的思想家韩非(战国末期思想家法家代表人物)、商鞅(战国中期思想家,法家代表人物,亦称卫鞅、公孙鞅)也持有类似观点。这种观点认为,人的本性就是趋利避害,正是这种本性支配着人类的一切思想、心理、言论和行为,因此,犯罪行为也是因为追求快乐和避免痛苦而产生的。

②经济与犯罪

《管子·牧民》中有一个人人皆知的命题,即"仓廪实而知礼节,衣食足而知荣辱"。这充分说明了经济上的富足是人们安居乐业的一个重要因素。在这个问题上,我国古代思想家从很多方面进行了论述。

贫穷与犯罪。孔子曾经说过:"贫而无怨难。"试想,如果人们贫穷到无法正常生活的程度,还有什么是不敢做的?那时,法律、正义、良心都无法阻止其犯罪行为的发生。《易·革·上六》曰:"君子豹变,小人革面。"意思是说,在君主残暴的统治下,人就会由于基本的物质需要匮乏而丧失道德理性,甚至会达到不知廉耻的地步。历朝历代,经济的发展与社会的稳定大多成正比。所以,要想减少犯罪,必须使人们丰衣足食。因为"天下之人贫困思邪而多罪"。董仲舒对这一问题也有过论述,他说,"富者田连阡陌,贫者亡立锥之地……故贫者常衣牛马之衣,而食犬之食……民愁亡聊,亡逃山林,转为盗贼"。这是很有道理的。

富裕与犯罪。我国古代的很多思想家认为,作为贫穷的对立面,富裕也容易导致犯罪。因为人的需要是一个递进的层次系统,人的需要是无止境的。当贫穷时,人们会为解决温饱问题而犯罪;而富裕时,又会为争夺权力、利益等而犯罪,甚至这种犯罪往往在程度和性质上都更为严重。《商君书·说民》中提到:"富则淫,淫则有虱。"韩非也用经典的语言深刻地阐述了富裕是产生犯罪的原因之一:"人有福则富贵至,富贵至则衣食美,衣食美则骄心生,骄心生则行邪僻而动弃理,行邪僻则身死夭,动弃理则无成功。失内有死夭之难,而外无成功之大名者,大祸也。而祸本生于福。"按照这个观点,"饱暖思淫欲",说的就是这个道理。

③后天与犯罪

前文谈到了人性与犯罪的关系,也有思想家把犯罪的原因归于后天的习俗。因为"性相近,习相远"。人生下来时本性相差无几,但后天的环境却相差甚远。从古至今,谁都不能否定社会环境、风俗习惯、家庭环境等对个人素质及品德造成的影响。我们都知道"孟母三迁"的故事,也很熟悉"近朱者赤,近墨者黑"这句话,它们说的都是同样的道理。

④道德、法律与犯罪

在原始社会,没有阶级,没有压迫。进入奴隶制社会以后,随着私有制的出现,人们开始互相争利,继而出现犯罪现象,人们把"天下为公"变成了"天下为家"。

法律,作为禁奸止过、遏制犯罪的工具,也有产生犯罪的一面。老子认为,"天下多忌讳,而民弥贫";"法令滋彰,盗贼多有"。意思是制定的法律越多,人民就越贫困,盗贼也就越多。老子认为,法律都是统治阶级制定的,与天道背道而驰。所以,他把犯罪的原因归结为统治阶级制定的法律。

(3)关于刑罚的运用与适用

从古至今,国家的惩罚措施都旨在引导公民走向善良的道路。我国古代关于刑罚的思想很多,一些观点还十分开明,对我们今天研究犯罪原因和预防犯罪都有借鉴意义。

①德主刑辅、以德去刑的思想

周公的"明德慎罚"思想。所谓明德,是指对于统治阶级来说,必须严于律己,勤于政事,加强自我克制,实行以德治国。所谓慎罚,是指谨慎使用刑罚,不要滥杀无辜。

周公的"明德慎罚"思想,尽管是为了维护当时西周政权的需要,但是即使在现在看来,仍然是比较先进的理论观点。例如,在我国提出"依法治国"之后不久,又提出"以德治国"加以补充,也从一个侧面说明德治是法治的重要补充。

孔子的"德主刑辅、以德去刑"思想。孔子非常重视道德的感化作用,在《论语·为政》中有这样一段话:"道之以政,齐之以刑,民免而无耻;道之以德,齐之以礼,有耻且格。"也就是说,作为统治者,如果只是用政令去驱使人民,用刑罚去制裁人民,那么,即使人民为了避免遭受刑罚而按照政令去做,内心深处也并不明白违法犯罪是可耻的行为;如果是用道德思想去引导人民,用伦理仁义去教育人民,那么当人民明白违法犯罪是可耻的行为之后,就会自觉地矫正自己的行为。由此可见,孔子主张德治为先,强调对人民的宽厚怀柔政策,而把刑罚作为教化的辅助手段,是道德感化失败的最后防线。这种思想被概括成"德主刑辅、以德去刑"。

②轻罪重刑,严刑峻法的思想

严刑峻法的思想在中国出现得很早,也为中国历史上的大多数统治者所遵奉。战国中期的政治家、法家代表人物商鞅提出了"禁奸止过,莫若重刑"。他给出的理由是"重刑,连其罪,则民不敢试。民不敢试,则无刑也"。这是典型的重刑思想,目的是通过残酷的刑罚威吓其他要实施犯罪的人。使用重刑的目的就是威慑犯罪,从而减少犯罪。但是,历史表明,这样的想法只是一厢情愿。事实上,单纯的重刑可能在短期内减少犯罪,但是从长期来看,重刑只能激化社会矛盾,甚至造成更大的社会危害。在公元前221年秦始皇统一中国之后,仍然沿袭了轻罪重罚的思想,如秦律中规定:"五人盗,赃一钱以上,斩左止(趾)。"正是由于这种轻罪重罚、滥杀无辜的暴政,使得在公元前209年,即秦二世元年,爆发了以陈胜、吴广为首的农民起义,并导致了秦朝的灭亡。

③用神权的力量制止犯罪的思想

古代生产力水平较为低下,人们把一切无法解释的自然现象都用归因于神的作用。那时,统治者也运用神学来麻痹人民大众的思想,用刑与否以及用多重的刑都不是由统治者个人的主观愿望决定的,而是"受命于天"。统治者借用"神"的力量去警诫人们不能犯罪,否则会遭到天意的惩罚。当时这种思想是为统治思想服务的,为他们滥施刑罚找到了合理借口。

④富国养民思想

这种观点主张国家富裕,人们安居乐业,犯罪自然得以控制。这一观点的代表人物管仲认为:"凡治国之道,必先富民。民富则易治也,民贫则难治也。"这充分说明了人民的物质生活条件与犯罪的关系。进入阶级社会以后,私有制产生,人民贫富不均,穷人为了解决温饱而不顾廉耻去犯罪是常见的现象,所以要想遏制犯罪,必须民富国强。这一思想现在看来仍然具有很大的参考价值。

从以上早期的犯罪学思想当中,我们可以看出:古今中外的思想家对犯罪行为、犯罪人及犯罪原因与犯罪预防等问题都有了相当的研究和探讨,甚至有的学者见解还很深刻。当然,由于历史条件的限制,当时不可能形成犯罪学的理论体系,但不容否认,这些早期的犯罪学思想是极其宝贵的。它们为行为犯罪学的发展、进步以及犯罪学学科的正式形成奠定了理论基础。

二、犯罪学的萌芽与形成

(一) 犯罪学的萌芽

进入中世纪后,宗教在欧洲取得了至高无上的地位。此时的犯罪学思想也打上了宗教的烙印。当时罗马帝国的基督教思想家奥古斯丁认为:犯罪是侵犯了神的永恒秩序,破坏了神的旨意的一种罪恶;而犯罪的原因则在于人所固有的恶的意志。因此,医治犯罪的有效手段是惩罚。这一时期因受宗教思想的禁锢,欧洲的犯罪学思想并不十分发达。

到了13世纪末和14世纪初,欧洲意识形态领域开始了文艺复兴运动,人类经历了第一次的思想解放。此时,各种思想比较活跃,犯罪学思想也得以发展。到了17、18世纪,人们进一步认识到犯罪原因存在于社会之中,呼吁重视犯罪人的人格,减弱刑罚的强度,强调对犯罪人进行重新教育。这种思想的代表人物主要是当时的一些启蒙思想家,如卢梭、孟德斯鸠等。不过,此时尚无专门研究犯罪的学者,有关犯罪问题的阐述都是在论述其他社会问题时涉及的。

对后来犯罪学的出现具有较大影响的是 18 世纪 60 年代的刑事古典学派。该学派的奠基人是意大利的贝卡利亚。这一学派以功利主义和唯意志论为思想基础,认为犯罪是自由意志的"命令",其他各种引起犯罪的因素并不完全起决定作用,自由意志本身才是犯罪产生的直接原因。

刑事古典学派是在反对封建专制的基础上产生的,它把罪刑法定作为反封建法律过程中追求的最高目标和原则。这一学派奠定并最大限度地发展了刑事法律原则,并将罪刑均衡作为自己的全部研究内容。由于该学派视犯罪现象为一种已完成的事实,不追问犯罪事实如何发生,因此其忽略了犯罪的社会本质,也忽略了犯罪人的个性,无法说明犯罪现象。也就是说,刑事古典学派对犯罪的研究未能离开刑事法律的范围,对犯罪基本上是以法律为出发点进行分析,没有对犯罪学进行专门研究,也没有回答犯罪学需要回答的问题。所以,在那个时期还不能认为犯罪学这门学科已经形成,只能认为犯罪学有了萌芽。

(二) 犯罪学的形成

到了 19 世纪初,两位统计学家,即法国的格林和比利时的凯特莱先后在自己的著作中论及犯罪学需要研究的内容。

格林在 1826 年出版的《法国道德统计》一书中,分别就性别与犯罪、年龄与犯罪及犯罪的地理分布等进行统计,他总结出犯罪行为在人的 25 周岁至 30 周岁形成高峰期,他发现贫困对犯罪的发生只具有次要意义,并且认为犯罪发生的最重要的原因是居民道德的败坏。

凯特莱在 1835 年出版了《论人类及其能力的发达》一书,书中对犯罪现象进行了广泛的统计研究,目的在于说明年龄、性别、季节、职业、教育、风土、人种以及贫穷与犯罪之间的关系。他说:"社会自身,包含许多将来犯罪的萌芽。从某种意义上说,准备犯罪者是社会,个人只是社会实行犯罪的工具而已。"他认为当时的社会是产生犯罪的总根源。可以说,格林和凯特莱从统计学角度所进行的研究,对犯罪学的出现起到了极大的推动作用;他们的研究方法开阔了人们认识犯罪问题的视野,并为犯罪学作为一门独立学科的出现创造了有利的条件。

到了 19 世纪后期,资本主义得到了全面而迅速的发展,与此同时,资本主义社会内部的各种矛盾也日益激化,犯罪现象日趋严重。这种客观现实迫切要求对犯罪问题进行系统化、专门化的研究。另外,当时自然科学和社会科学的发展,也为犯罪学的诞生提供了必需的科学知识。特别是当时对严重威胁人类的三大传染病——天花、白喉和霍乱的有效治疗,给受犯罪问题困扰的一些学者以启发。他们也开始以科学的实证方法去解决犯罪问题。就这样,到了 19 世纪 70 年代,犯罪学应运而生了。

第二节　犯罪学的概念及其研究对象

一、犯罪学的概念

19 世纪 70 年代,犯罪学作为一门独立学科出现,到目前为止,这门独立学科经历了一百多年的发展,形成了诸多理论流派。与其他人文社会科学有所不同,犯罪学理论中关于犯罪概念的界定,显示出其异常的复杂性。

(一)"犯罪学"词源

"犯罪学"这个词是由拉丁文"Crimen"(犯罪)和希腊文"logos"(学说)组成,意思是"犯罪学说"。在科学史上,最早使用犯罪学这一概念的是法国人类学家托皮纳尔,他在 1879 年出版的《人类学》一书中第一次提出了"犯罪学"一词。在该书中,托皮纳尔将犯罪学的概念界定为研究犯罪行为问题的学科。到了 1885 年,意大利犯罪学家加罗法洛出版了《犯罪学》一书。加罗法洛在其著作中将"犯罪学"的概念定义为"犯罪人和犯罪行为的科学"。英文中的"犯罪学"(criminology)一词,最早是在 1890 年出现的。[1] 此后,犯罪学这一概念便被普遍采用了。

(二)定义犯罪学的概念比较困难的原因

由于犯罪涉及人的行为,对于什么是犯罪,如何定义犯罪,从哪个角度、什么范围研究犯罪,人们的认识是多种多样的,因此,就出现了各种各样的犯罪的概念,也正是由于犯罪概念的复杂,引起了犯罪学概念在界定上的困难。

(三)关于犯罪学概念的各种不同观点

关于犯罪学的概念,由于认识的角度不同,理论界呈现出许多不同的观点。归纳起来主要有四种。

(1)不承认犯罪学是一门独立的学科,认为犯罪学的研究内容可以包括在刑法学之中。

(2)认为犯罪学是一门从广义上去解释的学科,包括对犯罪现象、犯罪原因、犯罪预防以及刑法的研究。

(3)认为犯罪学就是对犯罪人本人及对其所采取的措施的研究。

(4)狭义地认为犯罪学就是一门关于犯罪现象和犯罪原因的科学。

(四)如何科学地界定犯罪学的概念

从上述关于犯罪学概念的不同观点可以看出,理论界目前不存在一个关于犯罪学概

---

[1] 吴宗宪:《西方犯罪学史》(第二版),12 页,北京:中国人民公安大学出版社,2010。

念的一致观点。

事实上,要想科学界定犯罪学的概念,有必要先界定犯罪学中的犯罪概念,也就是只有将其上位概念界定清楚之后,才能够进一步科学界定犯罪学的概念。

延伸阅读

犯罪学中的犯罪概念

犯罪的概念是犯罪学研究的首要问题,它是犯罪学理论体系的基础,只有对犯罪学中的犯罪作出科学的、明确的界定,才能更好地开展对犯罪学理论中其他诸如犯罪现象、犯罪原因和犯罪预防的研究。

研究犯罪的概念,主要就是回答"犯罪是什么"的问题。但长期以来,犯罪学所研究的犯罪,到底应该如何定义,不仅困扰着国内的学者,而且在国外的犯罪学研究中也是一个最为困难和混乱的问题。关于这个问题,古今中外的刑法学者和犯罪学者提出了各种各样的定义,可谓众说纷纭、莫衷一是。在国外,甚至每个犯罪学家都有自己的犯罪概念。迄今为止,理论界尚未形成一个能够被普遍接受的定义。

这种现象,不仅影响了犯罪学的发展和成熟——正如一位学者所说的"刑法学产生的时间并不比犯罪学长得多,却比犯罪学成熟得多,这与刑法学有恰当的犯罪概念分不开"。因此,必须对犯罪概念给予一个科学化的界定,因为这是解决犯罪学理论的基础问题,唯有牢固的基石,才能构筑起宏伟的犯罪学理论大厦。

(五) 犯罪学中的"犯罪行为"之范围界定

具体来说,犯罪学中的犯罪行为主要包括这样几类。

1. 刑事法律明确规定的犯罪行为

这是最传统的关于犯罪行为定义。

2. 不可罚的具有严重社会危害性的行为

这是指那些因缺乏可罚资格或者条件而不受处罚,却具有严重社会危害性的行为。这类行为包括:未达到刑事责任年龄人实施的严重危害社会的行为;14～16周岁的未成年人,达到刑事责任年龄但实施的是刑法总则规定的特定犯罪(我国《刑法》第17条第2款规定:已满14周岁不满16周岁的人,犯故意杀人、故意伤害致人重伤或者死亡、强奸、抢劫、贩卖毒品、放火、爆炸、投毒罪的,应当负刑事责任)之外的严重危害社会的行为;精神病人实施的严重危害社会的行为;又聋又哑的人或者盲人实施的犯罪而免罚的行为。

3. 具有严重社会危害性的违法行为

这种行为主要包括依照《治安管理处罚法》应当处罚的行为以及我国《刑法》第13条"但书"所规定的行为等。对这些行为进行犯罪学的关注是因为其具有严重的社会危害性,如果不对其进行控制,则有可能上升为犯罪行为而对社会秩序造成严重破坏。

4. 其他社会病态行为

主要是指吸毒等行为。之所以将社会病态行为纳入犯罪学的研究范围,是因为这些行为具有严重的社会危害性,有必要探求其形成的原因,进而寻求预防和减少社会病态行为发生的对策。

对犯罪行为之范围进行界定后,我们可以了解到:犯罪学中研究的犯罪远远广于刑法学中研究的犯罪。

因此,可以将犯罪学中的犯罪概念界定为:犯罪学中的犯罪是指除了刑法典规定的犯罪行为之外,还指一些未达到犯罪程度的严重违法行为和卖淫、吸毒等社会病态行为。也即,犯罪学中的犯罪是一种社会法律现象。这样界定犯罪概念以后,就使得犯罪学对犯罪的研究与刑法学对犯罪的研究相对分离,把一些未达到犯罪程度的严重违法行为和社会病态行为纳入犯罪学的研究范围,以突出犯罪学的研究宗旨。

对于犯罪学的上位概念——犯罪学中的犯罪概念进行了界定之后,就可以科学地界定犯罪学的概念:犯罪学是研究一定历史阶段的犯罪现象、犯罪原因和犯罪预防的科学。在我国,犯罪学是运用法学和社会学等多种学科的研究成果和基本方法,研究我国犯罪现象产生、发展、变化的规律,以及导致犯罪的主客观原因和控制、防治犯罪的对策的学科。

二、犯罪学的研究对象

犯罪学具体的研究对象主要由三个部分构成:犯罪现象、犯罪原因和犯罪预防。

由于本书后文对这三部分有更专门详细地介绍,故在此不重复表述。

第三节　犯罪学的学科地位、学科性质及其与相邻学科的关系

一、学科地位

一门学科的社会任务决定着这门学科的地位。为了有效地预防和减少犯罪现象,犯罪学把犯罪作为社会现象进行研究,从这一层面而言,犯罪学属于探讨社会现象规律的科学。从社会生活的角度来看犯罪,犯罪现象如同政治现象、经济现象一样,同样属于影响国家政治、经济、文化生活等领域的现象,犯罪现象本身的这种社会地位决定了犯罪学的学科性质应属于一级学科。

犯罪学产生至今,经历了一百多年的历史,已经形成了自己的学科群,具备了一级学科的条件和资格。具体而言,犯罪学已经形成了一个以犯罪学为核心的学科群,不仅有许多二级学科,例如犯罪心理学、犯罪社会学、犯罪人类学、犯罪生物学、犯罪统计学等,

而且具备支撑犯罪学学科存在和发展的基础理论学科群,这就是政治学、经济学、法学、社会学、人类学、心理学、统计学等,这些学科奠定了犯罪学的理论基础。

就我国而言,目前是把犯罪学作为刑法学之下的一门辅助学科来对待的。

产生这种认识的原因主要有以下两方面。

(一) 历史上的原因

犯罪学在其刚刚诞生时,面对刑法学的学科强势,犯罪学否认刑法学学科的独立地位,认为犯罪学可以包括刑法学;但刑法学不承认犯罪学可以包括刑法学,而且认为刑法学可以包括犯罪学,两门学科之间发生了相互否定的状况。争论的结果是各自不得不承认对方独立学科地位的客观存在。但是作为历史遗迹,还经常表现为刑法学对犯罪学的偏见,即刑法学虽然承认了犯罪学的独立学科地位,却认为犯罪学的地位在刑法学之下。

(二) 深层的原因

人们对于犯罪学不像对经济学和政治学、刑法学那样重视。更深层的原因是"刑罚是对付犯罪的唯一的、最好的办法"。这一思想成了人们普遍的认识,因此拒绝和排斥除刑罚以外的一切对策和方法。

笔者认为,把犯罪学作为刑法学的一门辅助学科来看待,不仅影响了犯罪学的发展,也不利于刑法学的发展。只有正确地、不带任何偏见地来评价犯罪学的一级独立学科地位,才有助于这门学科的发展,并使之更好地服务于社会。

二、学科性质

由于犯罪学的研究对象是极为复杂的社会现象,不同学科的学者运用本门学科的基本理论和研究方法,对犯罪问题展开了研究。例如,在法学领域,刑法学者从犯罪与刑罚的角度对犯罪问题进行研究;刑事诉讼法学者从刑事诉讼程序入手来研究犯罪问题;监狱法学者则从罪犯的行刑与改造入手来研究犯罪问题。在社会学领域,学者从社会学角度出发,对犯罪问题展开研究。这些不同学科的研究成果扩展了犯罪学的研究领域,丰富了犯罪学的研究内容,同时也为犯罪学这门学科的性质界定带来了困难。

关于犯罪学的学科性质应如何来界定,理论界是存在争议的。例如,有学者认为,犯罪学是一门"法社会学",也有学者认为犯罪学是一门综合性的学科。本书赞同后一观点,即犯罪学是一门综合性的学科,理由如下。

其一,犯罪学的研究对象是以刑法规定的犯罪为基础,同时,也要借助于法学中其他部门法的相关规定。例如,犯罪学在研究由于家庭、婚姻、财产等方面的纠纷所引起的犯罪问题时,需要借助于民法学的一些相关规定。同样,犯罪学在研究行政机关在犯罪预防中的职责与作用时,也必然要与行政法相联系。

其二,犯罪学在研究犯罪的社会原因和犯罪的主体原因时,又超出了法学的范围。例如,在研究犯罪的社会原因时,需要研究政治、经济、文化、教育、道德、法制等宏观社会因素和家庭、学校、社区环境等微观社会因素。在研究犯罪主体原因时,需要研究犯罪人的心理、人格、生理等因素。在犯罪学对犯罪的社会原因和主体原因进行研究时,又必须运用社会学、经济学、政治学、人口学、心理学、生物学、伦理学、教育学等多学科知识。

三、犯罪学与相邻学科的关系

犯罪学是一门独立的学科,有其特有的研究领域。但是,由于犯罪是一种极其复杂的社会现象,几乎涉及社会生活的方方面面。因此,在研究犯罪现象、犯罪原因和犯罪预防时,又必须借鉴和运用其他学科的研究成果。所以犯罪学与其相邻学科之间的关系非常密切。

(一)犯罪学与刑法学的关系

刑法学是部门法学中重要的学科,它是研究刑法及其所规定的犯罪与刑罚的学科。严格地说,刑法学作为一门相对独立的法律学科的形成是在 18 世纪欧洲资产阶级革命时期。理论界一般认为,意大利著名刑法学家贝卡利亚在 1764 年出版的《论犯罪与刑罚》一书,是资产阶级刑法学的奠基之作。而社会主义刑法学则是在俄国十月革命胜利之后才诞生的。苏联的一批刑法学家,以马克思列宁主义为指导,在总结本国刑事立法和司法实践经验并批判地借鉴资产阶级刑法学研究成果的基础上,创立了与资产阶级刑法学具有根本区别的社会主义刑法学理论体系,为我们留下了宝贵的学术财富。

当代中国的刑法学,萌芽于新民主主义革命根据地时期,创建于中华人民共和国成立之后,也在一定程度上受到了苏联刑法学的影响。

刑法学的研究对象是刑法以及其所规定的犯罪与刑罚。而犯罪学是研究一定历史阶段的犯罪现象、犯罪原因和犯罪预防的科学。在犯罪学的发展过程中,古典刑事法学对其影响较大。因此,犯罪学与刑法学之间,既有着密切的联系,又有所区别。

二者的联系表现在三个方面。

第一,犯罪学中的犯罪概念是以刑法学中的犯罪概念为基础的。犯罪学中的犯罪概念,是从行为的违法性和行为的反社会性两个角度来进行界定的。而行为的违法性是以刑法作为其判断标准的。

第二,刑法学对于犯罪行为和犯罪人的分类方法是犯罪学研究的必要参考条件。在现实社会中,犯罪现象千奇百怪,犯罪人及其犯罪行为也是五花八门,极其复杂。犯罪学要透过复杂的犯罪现象,揭示出犯罪的本质、规律和原因,从而更好地寻求预防犯罪的对策,就必须借助刑法学对犯罪行为的分类和对犯罪人的分类方法,确定犯罪的指标体系,并对各种具体犯罪如杀人、抢劫、盗窃、诈骗等行为进行研究。

第三,犯罪学与刑法学的研究成果具有互补性。刑法学研究的刑罚制度和惩罚方法也是犯罪学研究的重要内容。反之,犯罪学对犯罪现象、犯罪原因和犯罪预防的研究成果也对刑法学研究罪犯的主观恶性程度、量刑原则、刑罚的制度、种类等方面提供理论和实践依据,二者共同为刑事立法和刑事司法服务。

二者的区别主要表现在三个方面。

第一,犯罪学的研究对象是犯罪现象、犯罪原因和犯罪预防;而刑法学的研究对象是犯罪与刑罚。二者的研究对象虽然有交叉的地方,但研究的角度和侧重点是不同的。以盗窃罪为例:对盗窃罪的研究,刑法学注重研究盗窃罪的犯罪构成要件、盗窃财物的数额以及应判处的刑罚;而犯罪学则注重研究盗窃罪的特点、规律、产生的主客观原因,以及预防措施等。

第二,刑法学是一门规范性法学,以刑法典和刑事法律解释为依据,对犯罪现象进行规范性研究,注重揭示其犯罪的法律特征,以及罪与刑之间的关系。而犯罪学则是一门实证学科,它以已经发生的犯罪现象作为事实依据,研究犯罪的特点、规律、形成原因及预防途径和方法。也即由于二者的学科性质的不同,从而决定了各自研究的角度和侧重点的不同。

第三,犯罪学的研究内容广于刑法学,因为犯罪学的研究内容不仅包括刑法所规定的犯罪行为,也包括其他法律所规定的违法行为以及社会病态行为。

(二) 犯罪学与社会学的关系

社会学是对于人类社会和社会互动进行系统、客观研究的一门学科。社会学的历史渊源,可以追溯到18世纪以前的欧洲。到19世纪时,对人类社会的分析研究进一步发展,并且深受生物学说和进化论的影响。1838年,法国学者孔德创造了"社会学"(sociologie)这个词,用来概括对人类社会现象进行探讨的学科,孔德也被看作社会学的创始人。1892年,在美国芝加哥大学创办了世界上第一个社会学系。现代社会学主要研究社会组织与个体、社会平等、社会设置、社会环境与社会变迁等内容。

二者的联系表现在两个方面。

第一,在研究对象上相互交叉。犯罪现象以及产生犯罪现象的原因,既是社会学的研究对象,也是犯罪学的研究对象。犯罪学和社会学有许多共同的研究主题,例如社会病态行为。

第二,在研究方法上相重叠。在当代的犯罪学研究中,大量使用社会学的研究方法;犯罪学和社会学研究往往遵循共同的方法论原则。

二者的区别主要体现在三个方面。

第一,研究的重点不同。在犯罪学中,犯罪问题是其研究的主要方面;而在社会学中,犯罪问题仅仅是其研究的一个方面。

第二,对犯罪研究的角度不同。在犯罪学中,不仅利用社会学的概念和学说探讨犯罪问题,也用人类学、心理学、生物学、生理学、经济学等多学科的概念和学说来探讨犯罪问题;而在社会学中,大多利用本学科的概念和学说,从宏观的角度来探讨犯罪问题。

第三,对于犯罪问题研究的深度不同。在犯罪学中,对犯罪问题进行多角度、全方位的研究;而在社会学中,对犯罪问题仅仅是进行一般性的研究。

(三)犯罪学与心理学的关系

心理学是研究人的行为和心理活动规律的一门学科。心理学作为一门学科产生于19世纪初期。1816年,德国哲学家和教育家赫尔巴特出版了世界上第一本心理学教科书。1879年,德国心理学家冯特在莱比锡建立了世界上第一个心理学实验室,心理学由此时脱离哲学而成为一门独立的学科。

现代心理学从很多方面研究人的心理活动与行为表现,形成了众多的心理学分支学科。如生理心理学、认知心理学、发展心理学、社会心理学等。

犯罪学与心理学二者之间既有区别,又有联系。

二者的联系主要表现在两个方面。

第一,研究内容有一定交叉。在犯罪学与心理学的研究中,都涉及犯罪问题。在心理学的分支学科中,有一门专门研究犯罪问题的心理学分支学科——犯罪心理学。犯罪学利用心理学的许多概念和学说,探讨犯罪问题,特别是探讨微观犯罪问题,如犯罪心理等。此外,许多研究者在学科研究领域上有交叉,许多心理学家同时也是犯罪学家。

第二,研究方法有一定的重叠。例如,在当代的犯罪学研究中,就大量使用了心理学的研究方法。

二者的区别主要表现在三个方面。

第一,对犯罪研究的角度不同。在犯罪学中,不仅利用心理学的概念和学说来探讨犯罪问题,也利用社会学、人类学、生物学等多学科的概念和学说来探讨犯罪问题。而在犯罪学中,大多利用心理学自身的概念和学说来探讨犯罪问题。

第二,研究的重点不同。在犯罪学中,犯罪问题是它研究的主要方面,犯罪学的整个研究都是以犯罪问题为核心进行的。而在心理学中,犯罪问题仅是它研究的一个很小的方面,犯罪问题仅仅是心理学的一个应用研究领域——犯罪心理学探讨的内容之一。

第三,研究的深度不同。在犯罪学中,对犯罪问题进行的是多角度、全方位的研究。而在心理学中,仅对犯罪问题的心理方面进行研究。因此,犯罪学对于犯罪问题的研究深度,远远超出了心理学对犯罪问题的研究深度。

(四)犯罪学与犯罪侦查学的关系

犯罪侦查学是以揭露犯罪、证实犯罪和预防犯罪的策略、技能、措施为研究对象的科学。它的任务是运用有效的侦查措施、手段和方法,及时、准确地侦破犯罪案件,抓获犯罪嫌疑人,以实现保护人民、惩罚犯罪和预防犯罪的目的。它虽然也是与犯罪现象作斗争,但和犯罪学相比,它更加注重的是侦破刑事案件,抓获犯罪嫌疑人。如果说,犯罪学是以预防犯罪为己任,那么犯罪侦查学是以打击犯罪为重点,实现预防犯罪的宏观性任务。

犯罪学的研究成果,如犯罪人的个性特征、犯罪环境的特点、犯罪动机等,为犯罪侦查学的研究提供了理论依据,有助于形成正确的侦查构想,保障犯罪侦查学高效完成侦破案件的任务。同时,犯罪侦查学的专业知识、调查方法是犯罪学研究可以借鉴和运用的,犯罪侦查学在侦破案件中形成的研究报告、经验总结,也是犯罪学研究的重要资料。因此,二者可以相互借鉴和运用对方的研究成果,促进学科的共同繁荣。

(五) 犯罪学与其他学科的关系

犯罪学的研究领域及研究方法涉及众多学科,如生理学、精神病学、教育学、伦理学、人口学、被害人学、劳动改造学、哲学、统计学等,这些学科都可以在一定程度上,从某一侧面解释犯罪成因,提供预防良策,施以科学方法。而且,随着研究的深入推进,在犯罪学与这些学科的交汇处,还会形成一些新的交叉学科。

第二章 西方犯罪学简介

从 18 世纪开始,欧洲大陆掀起了轰轰烈烈的启蒙运动。启蒙运动是一场反封建、反教会的思想文化革命运动,它为资产阶级革命作了思想准备和舆论宣传。

"启蒙"的含义,是指开启智慧,通过教育和宣传,把人们从愚昧、落后、黑暗的封建社会中解放出来,使人们摆脱教会散布的迷信和偏见,为争取自由与平等而斗争。

启蒙运动是继文艺复兴之后,欧洲发生的第二次思想解放运动。启蒙运动兴起于西欧,波及欧洲大多数国家,后来影响到全世界。启蒙思想家把欧洲的封建制度比作漫长的黑夜,呼唤用理性的阳光驱散现实的黑暗。他们集中力量,批判专制主义、教权主义,号召消灭专制王权、贵族特权和等级制度,号召打破天主教会的世俗权威。他们追求民主、权利平等和个人自由。

整个启蒙运动的中心在法国。18 世纪时,法国资本主义发展程度较高,资产阶级力量强大。但是同时,法国又是欧洲大陆封建势力的堡垒,专制主义、等级制度盛行。作为第三等级的拥有雄厚经济实力的资产阶级在政治上处于无权地位。资产阶级强烈要求政治民主、权利平等和个人自由。许多资产阶级的代表人物开始在思想文化领域里对旧体制发起了猛烈抨击,从而进一步完善了启蒙思想。

在启蒙运动中,诞生了许多思想家。他们的思想对世界的进步作出了重要贡献。这些思想家中有代表性的包括孟德斯鸠、伏尔泰等。

孟德斯鸠出身贵族世家,但却接受了时代精神的影响,投身于资产阶级革命的洪流之中。他曾经到英国游历了两年多,考察了英国的政治制度,认真学习了早期启蒙思想家的著作。孟德斯鸠对封建专制制度的弊端进行了猛烈的抨击。他的名著《波斯人信札》,通过两个波斯人漫游法国的故事,用讽刺的笔调,勾画了法国上流社会中形形色色人物的嘴脸。

孟德斯鸠最突出的贡献是对资产阶级的国家和法的学说作出了阐述。他在代表作《论法的精神》中,发展了洛克的分权学说,更明确地提出了立法权、司法权、行政权三权分立的原则。他认为立法权应由人民集体享有,司法权独立,君主享有行政权,三者之间以权利的"制约和平衡"为思想核心,互相独立、互相监督。

孟德斯鸠特别强调法的功能和政府的功能。他说:"如果一个公民能够做法律禁止的事情,他就不再有自由了。"只有在法律和社会契约允许的范围内,在政府的统治下,公民才是真正自由的、安全的,一个公民才可以不惧怕另一个公民。《论法的精神》为资产阶级以法制对抗专制指出了道路,为资产阶级法学奠定了基础。

伏尔泰是法国启蒙运动的领袖,他出生于巴黎,自幼受过良好的教育,因得罪了一个贵族而被放逐到了英国。在英国期间,他研究了牛顿的科学成就和洛克的哲学著作。伏尔泰是一位多产的作家,他的著作风格清新,常带有绝妙的讽刺,对封建教会和封建制度的反动统治进行了猛烈的抨击,他本人也深受法国人民的爱戴。

1778年,伏尔泰逝世于法国与瑞士边境的小城。1791年,法国大革命期间,人们把他的遗骸运到巴黎著名的先贤祠重新安葬。人们在他的灵车上写着这样的句子:"他教导我们走向自由。"伏尔泰以批判天主教而著称,但是他并不是用"无神论"的观点进行批判,而是以天主教的腐化、堕落为出发点。同时,他也认为宗教有助于维系人心。他有一句名言是:"如果没有上帝,也要捏造一个出来。"

启蒙运动不仅为法国大革命作了充分的舆论准备,奠定了思想基础,而且超出了国界,跨越了时代,在更宽广、更长远的领域和时间里发挥了巨大而深远的作用。比如孟德斯鸠《论法的精神》,被我国著名的翻译家、维新运动时期的思想家严复译为《法意》,介绍到中国,在中国思想界引起了极大的震动,鼓励了中国当时的维新志士们为改造旧社会而斗争。

启蒙运动时期,法国的刑事司法制度极其腐败:审判绝对秘密,法官量刑毫无根据,对被告刑讯逼供,用刑十分残酷。孟德斯鸠对于法国刑事司法制度的腐败进行了严厉的谴责。他主张,刑罚的轻重应与罪行的大小保持均衡,他反对刑讯逼供。伏尔泰也对法国的刑事司法制度给予了猛烈的抨击,他主张刑罚的合理性,反对死刑,认为对于不同的犯罪同样处以死刑,无异于鼓励人民犯罪。

第一节 西方犯罪学的历史发展

西方犯罪学的历史发展,可以划分为三个时期:第一个时期是18世纪的古典犯罪学派;第二个时期是19世纪末的实证犯罪学派;第三个时期是当代西方犯罪学。

一、18世纪的古典犯罪学派

18世纪的犯罪古典学派正是欧洲启蒙运动的产物。犯罪古典学派的主要代表人物有意大利的贝卡利亚、英国的边沁和德国的费尔巴哈等人。其中以贝卡利亚最具代表性。刑事古典学派认为,犯罪是对上帝建立的伦理道德秩序的破坏。犯罪对于精神上健康的人来说,是人的自由意志本身选择和实施的行为。这一学派的代表人物不研究犯罪人的个性,而把全部注意力集中到犯罪与刑罚的研究上。他们对于刑事法律和犯罪现象等各种问题的研究,都深受功利主义哲学的影响。

(一)贝卡利亚及其《论犯罪与刑罚》

切萨雷·贝卡利亚(Cesare Beccaria),1738年3月5日生于意大利的米兰,1758年毕业于帕维亚大学法律专业。1764年,贝卡利亚出版了一本名为《论犯罪与刑罚》的小册子。这部著作篇幅不长,影响却极为深远,问世以后立即给作者带来了巨大的声誉,被誉为刑法学和犯罪学领域最重要的经典著作之一。

贝卡利亚在这部著作中深刻地揭露了旧的刑事司法制度的蒙昧主义本质,依据人性论和功利主义的哲学观点分析了犯罪与刑罚的基本特征,明确提出了后来为现代刑法制度所确立的三大刑法原则,即罪刑法定原则、罪刑相适应原则和刑罚人道原则;并且呼吁废除刑讯逼供和死刑,实行无罪推定原则。[1]

贝卡利亚在书中为自己所倡导的罪行法定原则做了雄辩的解说:"每个公民都应当有权利做一切不违背法律的事情,除了其行为本身可能造成的后果外,不用担心遇到其他麻烦……这是一项神圣的信条,舍此就不会有一个合理的社会;这是对人的一种正当的补偿,因为他已经牺牲了每个感知物所共有的、在自己力量范围内做一切事情的自由。这一信条培养着生机勃勃的自由心灵和开明的头脑。它为了使人们变得善良,赋予他们一种无所畏惧的美德,而不是逆来顺受者所特有的委曲求全的美德。"[2]

贝卡利亚从人道主义的立场出发,温故知新地批判了封建刑法的报应观和威吓观。他指出,"刑罚的目的既不是摧残折磨一个感知物,也不是要消除业已犯下的罪行……刑罚的目的仅仅在于:阻止罪犯再重新侵害公民,并规诫其他人不要重蹈覆辙"。[3] 为实现刑罚的这种一般预防和特殊预防的目的,他认为应当按照三项原则来适用刑罚:(1)刑罚的必然性,也就是说,要使罪犯不可避免地受到刑罚惩罚,从而在观念上建立起犯罪与刑罚之间的必然的因果联系。"对犯罪最强有力的约束不是刑罚的严酷性,而是刑罚的必定性。"[4] (2)罪刑相适应,就是使刑罚的强度和性质与犯罪的严重程度和性质相对称。"刑罚应尽量符合犯罪的本性,这条原则进一步密切了犯罪与刑罚之间的重要联系,这种相似性特别有助于人们把犯罪的动机同刑罚的报应进行对比,当诱人侵犯法律的观念竭力追逐某一目标时,这种相似性能改变人的心灵,并把它引向相反的方向。"[5] (3)刑罚的及时性,就是要使犯罪及时地受到刑罚惩罚。"犯罪与刑罚之间的时间间隔越短,在人们心目中,犯罪与刑罚这两个概念的联系就越突出、越持续,因而,人们就很自然地把犯罪看作起因。把刑罚看作不可缺少的必然结果。"[6]

贝卡利亚的思想对于近代西方刑法改革产生了巨大的推动作用。在他的思想影响

---

〔1〕 [意]贝卡利亚:《论犯罪与刑罚》,黄风译,115页,北京:中国大百科全书出版社,1993。
〔2〕 [意]贝卡利亚:《论犯罪与刑罚》,黄风译,69页,北京:中国大百科全书出版社,1993。
〔3〕 [意]贝卡利亚:《论犯罪与刑罚》,黄风译,42页,北京:中国大百科全书出版社,1993。
〔4〕 [意]贝卡利亚:《论犯罪与刑罚》,黄风译,59页,北京:中国大百科全书出版社,1993。
〔5〕 [意]贝卡利亚:《论犯罪与刑罚》,黄风译,57页,北京:中国大百科全书出版社,1993。
〔6〕 [意]贝卡利亚:《论犯罪与刑罚》,黄风译,56~57页,北京:中国大百科全书出版社,1993。

下,1768 年奥地利女皇玛丽亚·特丽萨(Maria Teresa)下令修改刑法,她的儿子约瑟夫二世(Joseph Ⅱ)于 1787 年下令废除死刑。瑞典国王古斯塔夫三世(Gustavus Ⅲ)于 1772 年下令废除身体刑及减少死刑条款。美国于 1776 年以后对于犯人的处遇条件大大改善。法国大革命之后于 1810 年制定的法国刑法典,确立了罪刑法定原则。当今人们习以为常和当做公理、常识的许多法律原则、法律规定,都可以追溯到贝卡利亚的《论犯罪与刑罚》。因此可以说,贝卡利亚的学说奠定了现代刑事法学和犯罪学理论的基础,他的《论犯罪与刑罚》是刑事法学和犯罪学历史上最重要的著作之一。

(二) 边沁的功利主义犯罪观

杰米瑞·边沁(Jeremy Bentham),1748 年 2 月 15 日生于英国伦敦。他自幼聪明好学,3 岁能读拉丁文,16 岁即自牛津大学毕业。边沁是英国著名的哲学家和法学家,著有《道德与立法原理》《宪法论》《司法证据原理》等作品。边沁是功利主义法学的创始人,他的思想对于近代刑法学、犯罪学都产生了重要的影响。

边沁认为,人类的一切行为都受两种基本动力的驱使,即追求快乐和避免痛苦,这是一切道德行为的原因和动力,也是一切不道德行为包括犯罪行为的原因和动力。对于犯罪和惩罚的关系,边沁提出如下观点:(1)社会对于犯罪必须予以处罚;(2)对犯罪者的惩罚是通过给犯罪者施加痛苦,以期收到惩戒和教育的作用;(3)犯罪人的内心存在着两种相互作用的动机,即驱使犯罪的动机和制止犯罪的动机。如果制止犯罪的动机大于驱使犯罪的动机,犯罪就不会发生;如果驱使犯罪的动机大于制止犯罪的动机,就会诱发犯罪;(4)对犯罪惩罚的严厉程度应该与犯罪的诱发力成正比例关系,惩罚给予犯罪人的损失必须大于犯罪所获得的利益,以抑制、消除犯罪引诱力,从而达到减少和预防犯罪的目标。

边沁在司法改革方面的最大贡献之一是他的监狱建筑设计。他赞成把监禁作为一种对许多犯罪都适合的刑罚,但他对当时流行的监狱建筑很不满意,他认为那些监狱使犯人与外界隔离,并且使犯人变得懒惰。因此,他主张将监狱设计成能够有助于犯人悔改的结构。边沁所设计的监狱建筑是圆形的,呈放射状,控制室在中央,从中央控制室可以看到所有监舍。边沁认为,圆形监狱应当建造在靠近城市中心的地方,以便使其成为一个看得见的提醒物,对可能实施犯罪的人起到一种儆戒作用,而实际的惩罚作用却不明显。因此,圆形监狱既能威慑外面的公众,又能体现对犯人的人道待遇。1794 年,边沁将他的设计蓝图呈送英国政府,这些设计虽然因为英国对法国的战争而耽搁,但不久即被美国一些州所采用。

在解释犯罪原因方面,"自由意志论"是古典犯罪学派一个主要的论点。[1] 这种观点

---

〔1〕 这是一个国内外学者长期以来普遍认同的观点。但我国一些学者对此提出异议,认为贝卡利亚等学者不是自由意志论者。参见黄风:《贝卡利亚是自由意志论者吗?——论贝卡利亚刑法思想的哲学基础》,载《比较法研究》,1987(1)。白建军:《犯罪学原理》,第二章,北京:现代出版社,1992。

认为,一个人只要达到一定的年龄,除精神病人外,都有认识和区分是非善恶的能力,一个人实施犯罪行为完全是其自由意志选择的结果。

西方启蒙思想家洛克和卢峻等人对"自由意志论"思想做过充分的阐述。他们认为:"人的犯罪行为是由违法者不受限制的自由意志决定的。""自然人的一切行动都是自由意志的体现。""犯罪也是一样,行为人对自己所犯的罪行要负责,法律惩罚就是基于人的自由意志的行为。""禽兽是根据本能决定取舍,而人是通过自由意志决定取舍。"[1]

此外,古典犯罪学派在分析犯罪原因时也涉及社会方面的因素。如贝卡利亚认为:偷盗通常是由于贫困或实在毫无办法而产生的,走私是因为关税增长的法律本身产生的,甚至还指出有些犯罪的产生是由罪恶的社会制度本身造成的。

古典犯罪学派对犯罪原因的研究,总的来说不够深入具体。相比之下,他们对预防犯罪更加重视,有较为系统的阐述。正如贝卡利亚所指出的:"预防犯罪比惩罚犯罪更高明,这乃是一切优秀立法的主要目的。"[2]"刑罚的目的仅仅在于:阻止罪犯再重新侵害公民,并规诫其他人不要重蹈覆辙。"[3]古典犯罪学派所提出的预防犯罪思想,大致可以归纳为以下几点。

1. 法律控制论

这一观点认为只有依靠制定法律,遵守法律,并在执行法律中贯彻人人平等的原则,才能预防犯罪。如贝卡利亚主张,颁布法律的权力只能属于立法者,任何法官都不能制定法律;法律应该制定得明确和通俗,其中含混不清的词句必须修改;应该使国家集中全力去保卫这些法律,而不能用丝毫的力量去破坏这些法律;应该使法律少为某些人的阶层服务,应该让它为全体人民服务;应该让人畏惧这些法律,并且仅仅是畏惧法律。贝卡利亚还主张:只有使每个公民都知道"在什么情况下才是有罪或无罪这一原则",只有"使宫殿和茅舍,使显贵的人和最贫困的人都同样有受到法律约束的义务",才能"堵塞走向为所欲为的一切道路",从而才能预防犯罪。

2. 心理强制论

这一理论认为,人与动物有着根本的区别。人不但能区分善恶,分清是非,而且在"权衡"利弊之后有选择的本性。比如,一个人知道实施一定犯罪后可以得到精神、财产或肉体等方面的快感,同时也知道实施犯罪后受到惩罚的痛苦。权衡利弊后,为了免受痛苦,他就可能放弃想要实施的犯罪活动。因此,心理强制可以使人们放弃犯罪从而达到犯罪预防的目的。这一理论强调,对犯罪行为给予什么程度的惩罚,法律要有明文规定,否则就不能起到预防犯罪的作用。法律对犯罪行为的处罚带来的痛苦要大于实施犯罪所带来的快乐,否则也不能起到预防犯罪的作用。这是古典犯罪学派代表人物费尔巴

---

〔1〕 邵名正主编:《犯罪学》,394页,北京:群众出版社,1987。

〔2〕 [意]贝卡利亚:《论犯罪与刑罚》,黄风译,104页,北京:中国大百科全书出版社,1993。

〔3〕 [意]贝卡利亚:《论犯罪与刑罚》,黄风译,116页,北京:中国大百科全书出版社,1993。

哈等人提出的观点。费尔巴哈坚持并完善了罪刑法定主义，他指出"无法律即无刑罚"；"无犯罪即无刑罚"；"法无规定者，不罚，亦不为罪"三项主张，他本人也被尊为"近代刑法之父"。

3. 报应刑论

这一理论的基本观点是，只有对实施犯罪行为的人给予惩罚，才能维护法律的严肃性，从而才能抑制犯罪，预防犯罪。但是，对犯罪人实施的刑罚要以犯罪人实施的犯罪行为为基础，对犯罪人报应的程度要以犯罪行为的轻重而定，不能滥施刑罚。因此，报应刑与无节制的报复主义有着根本的区别。

贝卡利亚等古典犯罪学派犯罪学家的理论对当时的刑事立法和刑事司法都产生了深远的影响。1791 年的法国刑法典就是根据贝卡利亚的基本思想制定的。但是，由于古典犯罪学派认为人实施犯罪与否由其自由意志决定，并将行为人的自由意志作为社会对犯罪施加刑罚的基础，而忽视了其他因素对人的犯罪行为的影响，与现实社会状况不相符合，因而使得法国刑法典在日常适用过程中遇到了许多问题。首先，未成年人和精神病人以及有某种心理缺陷的人的意志自由程度不可能与正常人相同，因同等程度的犯罪对他们施以同等程度的惩罚是不合理的；其次，个性差异及具体环境也对人的意志有影响，人的意志实际上不可能完全自由。在这种背景下，一些学者开始批评修正古典犯罪学派的理论和原则，实证犯罪学派应运而生。

二、19 世纪末的实证犯罪学派

从 1764 年到 19 世纪中叶以前，古典犯罪学派一直在西方居于主导地位。但 19 世纪中叶以后，情况发生了变化。

变化之一是西方许多国家已经完成了资产阶级革命。新的统治者需要一个良好的社会环境以巩固其统治，发展经济。但社会上的犯罪不仅没有因古典学派所倡导的刑法改革而减少，相反，犯罪现象日趋严重，引起了政府和公众的普遍担忧。正如意大利学者菲利所指出的，古典学派的理论越来越发达，越来越繁荣，但社会上的犯罪也越来越严重，犯罪的浪潮一浪高过一浪，古典学派的理论对于预防犯罪不起作用。

变化之二是各门现代科学特别是现代自然科学的兴起与发展，使过去许多令人们感到困惑的问题得到了解答。例如，医学领域的发展进步；对于严重威胁人类的三大传染病——天花、白喉和霍乱的有效治疗；在生物学的认识方面，受到了达尔文进化论的深刻影响；等等。

变化之三是 19 世纪二三十年代的法国出现的孔德的实证主义哲学，对当时社会问题的研究产生了重要的影响，使许多社会科学在观念上和方法论上都发生了明显的变化。[1] 正是在这种背景下,19 世纪末意大利的实证犯罪学派也应运而生。

实证犯罪学派的主要代表人物有意大利的犯罪学家龙勃罗梭、菲利和加罗法洛。他们都否定古典犯罪学派的自由意志学说,认为犯罪由某些客观因素所决定。但是,具体哪些因素对犯罪具有决定作用,三个人又有不同的看法:龙勃罗梭强调生理因素的影响,创立了犯罪人类学派;菲利强调社会因素的影响,被视为犯罪社会学的创始人;加罗法洛则强调道德等心理因素的影响。

(一) 龙勃罗梭的犯罪生物学思想

19 世纪 80 年代,在意大利诞生了犯罪人类学理论,其代表人物是龙勃罗梭。他是意大利的一位精神病医生,同时也是一位心理学家,他写了第一部也是最长的一部关于犯罪人类学说的著作——《犯罪人论》。他以这部著作而成为犯罪人类学派的创始人。这部著作出版于 1876 年,当时仅有 252 页,是第一版,到了 1895 年第五版时已经增至 1203 页。他对这部代表作做过许多修改,但是,他在犯罪原因问题上坚持的人类学的基本观点始终没有改变。从他 1876 年发表的第一篇论文和这部代表作到以后的各种著述中,其理论的基础就是犯罪的产生与犯罪人的身体及其解剖学特征有关。

龙勃罗梭这种理论的基础或出发点,得益于他的专业和所从事的职业。他年轻时当过军医,在军队里他积累了一些资料,获得了一些经验和感性认识。在军队里,他常遇到一些身体感觉迟钝的文身的犯罪人。后来,他对一个盗贼的头进行尸体解剖,结果发现这个盗贼的头像脊椎动物的头那样狭窄。在后来当监狱医生的实践中,龙勃罗梭也积累了这种经验。他感到犯罪人之所以实施犯罪,是因为犯罪人的头退化到像人类进化以前的动物那样。这种认识是他后来形成"犯罪的隔世遗传理论"的初始点。

在他当监狱医生的时候,龙勃罗梭最先考察了 100 个犯罪人的头,后来又对 1000 个犯罪人进行了人类学的测量和外貌考察,从而形成了他的天生的返祖类型犯罪人的观点。他认为,犯罪人的犯罪心理活动是由犯罪人的生理特征决定的,是以其身体的人类学的特征为基础的。决定犯罪人犯罪的这些特征都是正常人所没有的,是人类处于进化前期的野蛮人所具有的特征,这些特征通过隔世遗传在犯罪人身上表现出来,所以说,犯罪人都是"天生犯罪人",可以通过其身体的特征预测出可能进行犯罪的人。

他指出:文身、红色的指甲、突出的腭骨、大而尖的头,异常大或异常小的头、大耳朵、狭窄的前额、头和身体不相称等人身体的外部特征,都是退化的表现,这些特征被称为"退化的痕迹"。如果在某个人那里虽然只有某些痕迹,那也是可能进行犯罪的"预示"。他认为,犯罪是人的机体退化的结果,认为引起人犯罪的根源存在于人的生物属性之中。龙勃罗梭在他的著作《人——犯罪人》中,列举了天生犯罪人的各种特征,得出的结论是:犯罪人是"道德上荒唐的人"或者"变质的人",是类似原始人的人,感觉迟钝,极端凶狠,

---

[1] 白建军:《犯罪学原理》,42～43 页,北京:现代出版社,1992。

实际上是处于人的水平之下的生物。

后来,龙勃罗梭在批评、社会调查和社会经验的影响下,对自己最初的思想有所改变,他也承认了影响犯罪的许多其他原因,并强调要对其他的原因进行研究。所以,他也指出了天生犯罪人之外的其他几种类型的犯罪人,并在他的《犯罪人论》第五版中,把天生犯罪人在全部犯罪人中的比例从原来的66%降到40%,后来又在其他著述中降到了33%。但是龙勃罗梭的基本思想在本质上一直没有改变。虽然他也看到了社会因素对犯罪有影响,但是,在他看来,社会因素对犯罪的影响是非常有限的。

龙勃罗梭曾经指出,在高尚的人那里也能找到退化的痕迹,其之所以没进行犯罪,是因为在社会环境中找到了更好的解决问题的办法。带着退化痕迹的人具有犯罪的倾向,只是有些人被社会条件阻止了。最后,在他的犯罪人分类中,仍然认为有1/3是天生犯罪人。可以说,他指出社会因素对产生犯罪的影响,仅仅是对他最初的观点的一点修正,其理论本质并未改变。龙勃罗梭的观点是建立在生物学的机械决定论基础上的。他受到了庸俗唯物主义和法国实证主义的强烈影响,用生物学的观点来解释社会现象。

龙勃罗梭学说的错误是显而易见的,在他的学说发表的同时就不断遭到猛烈的抨击。但是,他的学说在19世纪末和20世纪初在犯罪学中有着重大的影响,特别是在欧洲,其中尤以德国较为明显,许多犯罪学家受到这种理论的影响,甚至有的犯罪社会学派的犯罪学家都受到了龙勃罗梭的犯罪人类学观点的影响。可以说,直到今天,他的学说的影响还在发挥着某种作用。这种情况,作为科学研究不应简单处理,而应辩证分析。

龙勃罗梭的犯罪学理论对于西方犯罪学的产生、发展乃至当代犯罪学的发展都有极其深远的影响。他首次运用科学的实证方法,始终重视对犯罪人个人的研究,采用测量的、统计的方法搜集人类学的、社会的、经济的数据研究犯罪问题,使犯罪学的研究从以抽象概念出发研究犯罪行为转向以实证方法研究犯罪人,使犯罪学的研究进入科学和实证的新时代。因此,一般学者认为,龙勃罗梭的代表作《犯罪人论》的出版标志着犯罪学作为一门独立的学科正式诞生,龙勃罗梭则被尊称为"犯罪学的鼻祖"。

同时,龙勃罗梭的犯罪人类学理论也存在不科学之处。因为犯罪根源于社会,而不是人的生物特征;犯罪是多种因素综合影响产生的,而龙勃罗梭则认为是单一因素(即人的生物属性)产生的。

(二)菲利的犯罪社会学思想

菲利,意大利法学家、犯罪学家。他是龙勃罗梭的学生,实证犯罪学派的代表人物之一。菲利于1856年生于意大利一个商人家庭,1874年中学毕业后进入波伦亚大学攻读法律,1877年毕业后又到法国攻读犯罪学,1879年归国后进入意大利都灵大学学习,师从龙勃罗梭,研究犯罪学,自1880年起在波伦亚大学等高校任教,其代表作为1881年出版的《犯罪社会学》。

一方面,菲利继承了龙勃罗梭的理论,否定了人的自由意志,认为犯罪与人的生物遗传有着密切的关系。另一方面,他又有所发展,认为不能仅仅用生理因素去解释犯罪,自然因素和社会因素也起着很大的作用,因此,他的学说被称为"三因素说"。

1. 人类学因素

人类学因素是指犯罪人生理、心理及种族方面的特征。菲利认为,人的生理、心理及种族差异对犯罪有很大影响。但这种人类学因素本身并不足以产生犯罪,它必须与其他因素结合,相互影响,相互作用,才能促使犯罪的产生。

2. 自然因素

自然因素,是指"我们生活于其中,但并未予以注意的物质环境",主要包括自然资源状况、地形、气候等。菲利认为这些因素虽不能直接产生犯罪,但通过与其他因素的结合能促使犯罪的发生并影响犯罪现象的变化。其根据是自然因素可以影响到社会状况如贫穷、就业、文化及道德状况等,而社会状况与犯罪密切相关。

3. 社会因素

社会因素,是指能够促使人类生活不诚实、不完满的生活环境,包括经济、政治、道德及文化生活中的各种不安定因素。经济因素包括贫穷和富裕两种情况,贫穷使得人为了生存而把行为准则降低到低级动物的程度,而富裕则可能使头脑空虚而又不从事体力和脑力劳动的人生活腐化,导致赌博、吸毒等嬉戏式犯罪行为的产生。此外,政治、道德及文化生活的各种不安定因素在与其他因素结合的情况下,也会促使犯罪行为的发生。

菲利认为,任何一种犯罪行为乃至整个社会的犯罪现象都是上述三种因素相互作用的结果。在不同类型的犯罪中,各种因素起作用的程度和方式有很大的不同,但总的来说,社会因素所起的作用较大。菲利据此提出了著名的"犯罪饱和法则",即每一个国家在客观上都存在着上述促使犯罪产生和变化的三种因素,这三种因素是不断变化的,并由此影响犯罪现象的变化。因此,犯罪也有年终平衡,其增多与减少,比国民经济的收支还有规律。每个国家始终存在一定数量和一定种类的犯罪,犯罪始终处于与其原因相适应的饱和状态。但是,有时某个国家的犯罪也可能出现超饱和状态,不过最终还是会恢复到饱和状态。[1]

菲利的三因素理论实际上标志着犯罪学多因素理论的建立。与单因素理论相比,多因素理论不仅反映了犯罪现象本身的复杂性,而且反映了犯罪学研究水平的又一提高,这无疑是一次历史性进步。

与犯罪多因素理论相适应,菲利提出了相应的犯罪控制理论。菲利把犯罪与刑罚比做洪水与堤坝,认为仅仅依靠堤坝来堵洪水,本身就不符合水力学原理。在这种重疏导、轻刑罚的思想基础上,菲利提出了著名的"刑罚替代措施"的概念,比如他认为,承认私生子,可减少堕胎、溺婴罪;道路宽广,灯光照明,可预防奸盗罪;等等。菲利与其他实证犯

〔1〕 曹子丹主编:《中国犯罪原因研究综述》,600～601 页,北京:中国政法大学出版社,1993。

罪学派代表人物一样,主张以犯人的人身危害性为根据的社会责任论,反对古典犯罪学派的道义责任论,并以社会防卫的概念取代刑罚的概念。在刑罚制度方面,菲利主张广泛使用保安处分和其他预防性措施,并极力推崇不定期刑。

(三) 加罗法洛的犯罪学思想

加罗法洛,意大利法学家、犯罪学家。他也是龙勃罗梭的学生,实证犯罪学的代表人物之一。加罗法洛1851年出生于意大利那不勒斯市一个贵族家庭,早年在大学主修法律,后在政府供职,曾任法官和地方议员,并在大学讲授过刑法学,其代表作是1885年出版的《犯罪学》。

加罗法洛与龙勃罗梭和菲利一样,在犯罪原因上否定古典犯罪学派的自由意志说,主张犯罪原因的决定论。他继承了龙勃罗梭的犯罪人论,但也进行了某些修正。在具体解释导致犯罪行为产生的因素时,他与龙勃罗梭和菲利均有所区别。龙勃罗梭强调生理因素对犯罪的影响,菲利强调社会因素对犯罪的作用,加罗法洛则偏重从心理学方面解释犯罪。他宣称,只有在犯罪心理学成为犯罪人类学中最重要的一部分的情况下,自己才属于犯罪人类学的一员。

加罗法洛把犯罪分为自然犯罪和法定犯罪两种。加罗法洛认为,人类有两种属性,一是基于保护自己本能的利己情绪,二是基于保护社会的利他情绪,而利他情绪是一种怜悯和正直的道德观念。自然犯罪就是违反了人类社会所具有的这种最基本的怜悯和正直的道德观念的犯罪。自然犯罪为任何文明社会所不容,是真正的犯罪。所谓法定犯罪,是指国家通过立法规定的属于自然犯罪范畴之外的犯罪。法定犯罪在不同时期的不同的国家都有不同的规定,因此,法定犯罪不是真正的犯罪。

加罗法洛将自然犯罪的原因归结为心理或道德方面的异常。所谓心理或道德异常,是指因生理上的缺陷而缺乏情感或利他感。这种心理状态迫使人们去犯罪,外在的环境所起的作用较小。与此相适应,加罗法洛将犯罪人分为真正的犯罪人和非真正的犯罪人两大类。对付这两种不同的犯罪人,应有各自不同的法律手段。

加罗法洛认为,既然真正的犯罪人总是道德低劣的人,那么对犯罪人加以分类时,就要以道德低劣的本质与程度为依据。因此,他把真正的犯罪人分为四类,并提出各自的对策和措施。

(1)谋杀犯,是指视杀人如儿戏,毫无道德情感的人。对于这种人,死刑是唯一的措施。

(2)暴力犯,是指为了满足自我而施暴者。对于这种人,应将其流放到海外岛屿,限制其行动自由,严禁脱逃,并实行不定期刑。这一构想与龙勃罗梭的主张相同。因此,加罗法洛也是提倡不定期刑的先驱。

(3)财产犯,主要是指盗窃犯。对这类犯人应将其放逐到农场,强迫其劳动。对于习常的财产犯,应处以无期徒刑。

(4)风俗犯,主要是指心理异常的性犯罪人。对这类犯人,如果不是真正患有精神病,应将其放逐到海外,施以不定期刑;如果犯人患有精神病,应将其监禁于收容所,加以隔离治疗。

对于非真正的犯罪人,加罗法洛认为除科以刑罚外,还应实行强制赔偿的措施。应强制犯人劳动,劳动所得收入除扣除收容费用外,其余充作损害赔偿和罚金之用。

加罗法洛提倡全球的刑事政策。他认为,对于自然犯罪,应该有全球通用的刑事政策,即共同的刑法典、共同的制裁手段、共同的行刑制度与警察制度。这些早期的主张对于当代国际性犯罪预防的发展,对于当代国际刑法和刑事政策的制度拟定,都具有一定的促进作用。

由以上介绍可以看出,古典犯罪学派和实证犯罪学派在研究方法、犯罪原因论、刑事责任论、刑罚裁量依据、刑罚目的论等方面均有很大的差异。正如菲利在谈到两派理论的差异时说:"我们说的是两种不同的语言。"由于两大犯罪学派对世界各国犯罪学、刑法学及刑事政策的影响极其深远,因此,当今世界各国犯罪防治对策的基本构想,仍是两大学派基本精神的体现或调和,绝大多数现代西方犯罪学理论也是历史上这两大学派的后裔。因此,有必要将两大学派的差异做一归纳比较。

第一,历史背景与研究方法的差异。

古典犯罪学派是启蒙运动的产物。启蒙运动是一种理性思维运动,强调个人应当基于理性的自觉,以评价一切社会及政治措施。古典犯罪学派即受此思想影响,对当时不合理的刑法制度进行了猛烈的抨击。实证犯罪学派的兴起,则是受当时自然科学的影响,试图以科学研究的实证方式,寻求犯罪原因,探求犯罪对策。因此,其实证研究方法与古典学派的哲理思辨有根本的不同。

第二,犯罪原因论的差异。

古典犯罪学派认为,人是自由意志的主体,正常的人都有辨别是非善恶的能力,并能决断是否从善去恶,故提倡"自由意志说"。实证犯罪学派则认为,个人的生理、心理因素(个人的原因)与环境因素(社会的原因)影响着人的行为,其间有一定的因果联系。犯罪行为乃是个人危险性格的表现,而危险性格又是由个人的原因与社会的原因相互作用形成的。因此,实证学派提倡"原因决定论",以区别于古典犯罪学派的"非决定论"。

第三,刑事责任论的差异。

古典犯罪学派认为,犯罪是有自由意志的人违反理性要求的行为,故应负其道义责任。实证犯罪学派则认为,人无自由意志,并无道义责任的问题。犯罪人之所以要负刑事责任,是因为其行为已对社会构成威胁或破坏。国家对犯罪人加以制裁,是为了保卫社会。

第四,刑罚裁量依据的差异。

古典犯罪学派认为,在一般情况下,人皆有平等的自由意志,故刑罚适用的轻重应以犯罪行为客观危害后果为标准,不应以行为的结果为标准。实证犯罪学派则认为,刑罚轻重的裁量,应以行为人主观恶性的大小为标准,不应以行为的结果为标准。

第五,刑罚目的论的差异。

古典犯罪学派认为,因果报应为自然的理性,对犯罪者科以刑罚,是其应受的报应,但应为等价的报应,否则,刑罚超过罪责,即属于违反公平原则,显然不符合正义的精神。实证犯罪学派则认为,刑罚并非对于犯罪的报应,其目的在于保障公共生活的安全。一方面,它教育改善犯罪人,预防其再犯;另一方面,它儆戒一般公民,使其有所畏惧,不敢触犯法网。[1]

三、当代西方犯罪学

当代西方犯罪学是指 20 世纪初意大利实证犯罪学派之后的西方犯罪学时期。

在这一时期,西方犯罪学研究的重心逐步从意大利等欧洲国家转移到美国,使得美国的犯罪学在当代西方国家中处于领先地位。当代西方犯罪学仍受实证犯罪学派的重要影响,同时古典犯罪学派又重新引起人们的重视。加上当代自然科学、人文社会科学的发展日新月异,使当代西方各种犯罪学理论、流派学说众多,可谓百花齐放,一派繁荣景象。例如,犯罪生物学、犯罪心理学、犯罪社会学等。当代西方犯罪学的一个显著特征是广泛运用各门社会科学特别是社会学的理论和研究方法去研究犯罪问题,其中,犯罪社会学理论处于主导地位。

第二节　当代西方犯罪学概览

当代西方犯罪社会学理论一般从社会结构和社会化过程两个角度研究犯罪问题。

一、社会结构理论

社会结构理论又可以进一步细分为多种理论,在此,我们主要选取三种理论来加以介绍。

(一) 文化冲突理论

这种理论的主要代表人物是美国犯罪学家索斯·赛林(Thorsten Sellin)。赛林在1939 年出版的《文化冲突与犯罪》一书中,对文化冲突理论做了比较系统的论述。他指出,社会存在着两种文化冲突,一种是随着社会的发展变化导致的不同时期的文化冲突,另一种是同一时期两种对立文化产生的文化冲突。文化冲突必然导致行为规范的冲突,而行为规范的冲突就可能导致犯罪。

赛林指出,以下几种情况容易导致文化冲突:(1)当某个文化集团的文化法律规范被

---

〔1〕 林山田、林东茂:《犯罪学》,37～38 页,台北:三民书局,1990。

扩展到另一个文化集团的领域时容易发生冲突;(2)当某个文化集团的成员迁移到另一个不同文化集团的区域时,由于不了解这一文化集团的文化法律规范容易产生冲突;(3)在相邻的两种文化领域的边界接合处,不同文化的行为规范之间的矛盾容易发生激烈的冲突;(4)当社会结构由简单趋向复杂化、分层化,当文化价值规范由单一状况发展为多元化,同一区域或同一集团内部也会发生文化冲突,而且变化过程产生出新的不同的文化集团,或者使原来的文化集团分化。这些新产生的或新分化而成的文化集团以及原来的文化集团,都有其特定的文化准则和价值标准并且相互冲突。

赛林着重研究了移民的犯罪问题。他认为长期生活在某一文化区域中的成员移居到另一文化区域时,他原先所具有的文化准则与移居地新的文化氛围往往发生冲突,这一冲突的结果之一就是犯罪现象的出现。赛林认为,这是一种可以广泛用于解释犯罪行为的理论,既适用于地理上分隔的地区间的人口流动,也适用于城市周围毗邻地区之间的人口流动。[1]

赛林认为犯罪行为的发生,主要是由于不同的文化价值与社会规范之间的差异造成的。不同的历史阶段,不同的地区,文化价值和社会规范是不一样的,其间往往引起冲突。这些冲突造成个人内部或外部的不安定,进而引发犯罪。

文化冲突理论是在社会结构瓦解论的基础上发展起来的,其强调价值观念和法律规范上的冲突是社会结构瓦解的主要原因。文化冲突植根于种族、民族、宗教、经济、职业、哲学及其他各种文化中存在的差异。这一理论在西方国家中传播很广,但也很受批评,批评者认为文化冲突只能说明某些类型的犯罪,而不能全面解释犯罪的产生。应该说,从文化冲突的角度来解释某些犯罪,确实为人们提供了一个独特的视角。

(二) 紧张理论

这一理论又被称为社会异常理论,或称为压力理论。这一理论最先是由法国社会学者迪尔凯姆倡导,后来被美国一些学者所发展,其中最主要的代表人物是美国社会学者默顿。

他认为:在各种社会中,都设置有为社会成员所要求的目标,在西方文明社会里就是获取物质财富。但实际上,社会结构限制了某些社会群体满足需求、实现目标的能力,这就是说,对于那些处于社会最底层的穷人来说,社会提出了两个互不相容的要求,一方面,要求他们以取得物质财富和社会地位为行为目标;另一方面,他们常常被剥夺了实现这些目标的必要机会。这样,某些不可能通过传统方式获得成功的人只能用非法或越轨的手段去获得成功。因此,要有效地控制犯罪,就应该增加竞争的机会,并使人们重新社会化,以便他们能够更好地利用可得到的合法手段去实现目标,同时减少人们的欲望,调整个人心理。

---

〔1〕 陈显容、李正典:《犯罪与社会对策——当代犯罪社会学》,92～93 页,北京:群众出版社,1992.

（三）亚文化理论

亚文化理论又称为文化越轨理论。这一理论的主要代表人物是美国社会学者柯恩。他认为：一个人是同他周围地位相当的人一起成长发展的，这些人同属于一个社会集团，对社会价值准则的看法是一致的，并形成特有的价值体系。在以中产阶级的价值体系及道德观念为中心的社会中，下层阶级因各方面条件较差，其言行往往无法符合一般社会标准，因而其在社会上的身份、地位常常被否定或贬低，造成其心理的挫折及适应困难，于是在其自己所属的阶级集团中，形成自己能够接受的特殊价值体系——亚文化，以满足本阶级集团的需求。这些亚文化群体的成员拒绝接受社会主导价值体系，从事各种恶意、仇视甚至卑劣的行为，以此向社会显示：他们蔑视并拒绝接受社会主导价值观。

亚文化在青少年不良团伙中表现较为显著。例如，青少年不良团伙敌视一切及强调其团体的自律性等特点。

亚文化理论自柯恩而兴起之后，引起了世界各国犯罪学界的广泛关注，许多学者在接受柯恩观点的同时也对其理论予以了发展。特别是到了 20 世纪 80 年代，以费迪南德为代表的新一代亚文化理论又赋予了其新的内容。新一代亚文化理论认为：对于亚文化的分析，应分别从发达国家及发展中国家入手，因为社会环境的不同造就了不同的亚文化类型。

亚文化理论从对青少年陷于犯罪的原因研究，推导出亚文化是犯罪产生的原因的结论，未免以偏概全，但是从亚文化角度探讨犯罪现象是有一定价值的，尤其是对分析青少年犯罪，特别是团伙犯罪的成因很有启发。从亚文化角度分析犯罪现象这种新的思维模式，对促进研究复杂的犯罪问题也有所裨益。

二、社会化过程理论

社会化过程理论大致有四个分支：社会学习理论、标签理论、社会控制理论，以及在前三种理论基础上形成的整合理论。

（一）社会学习理论

社会学习理论也称为异化交往理论或不同接触理论。这种理论的主要代表人物是美国社会学家、犯罪学家萨瑟兰。在 1939 年出版的《犯罪学原理》一书中，萨瑟兰系统地阐述了这一主张。

他认为：一个人接触到不同的社会价值，会产生不同的社会行为。越轨和犯罪行为就像其他所有"正常和守法"的行为一样，是在社会中学到的。学会犯罪行为或越轨行为与学会其他行为的关键在于与谁交往、交往时间的长短、交往频繁的程度、对交往的重视程度以及交往发生在人生的哪一个阶段，等等。如果一个人长久地与犯罪性或反社会性行为相接触，与守法的行为相隔离，就可能陷于犯罪。

萨瑟兰反对犯罪来自遗传的生理决定论,重视人与人之间的交往及文化传播对人的行为的影响。用这一理论确实可以解释一部分犯罪现象,但是,犯罪行为与一般行为毕竟不同,所以单纯地用一般学习理论来解释,就显得不科学了,如对激情犯的犯罪行为,这种理论就难以说明。

当然,作为较早对犯罪行为作出解释的社会学理论之一,异化交往理论一直深深地影响着犯罪社会学的存在和发展方向。

(二)社会控制理论

这种理论视角独到,更多讨论的是人们为什么不犯罪。这种理论认为:人们实施犯罪是自由选择的结果,而并非被迫的。虽然在同样的社会环境下有些人犯罪了,但是多数人却没有犯罪,并认为犯罪学应重点解释个体犯罪所处的条件。这一理论的主要代表人物是美国学者赫希。

赫希以其社会约束理论而著称。按照他的观点,社会中所有的人都可能是违法者,因此,需要解释的是为什么有些人没有实施违法或犯罪行为。答案在于个人的社会约束,即个人与父母、同事以及工作机构等所具有的联系。当这些联系或约束加强时,个人就会担心越轨的或犯罪的行为会危及其在社会中的相应地位、职业和安全而不愿冒险实施犯罪行为。因此,赫希认为导致犯罪的原因是一个人社会关系的减弱,个人的社会约束是控制犯罪、预防犯罪的力量源泉。

赫希在1969年出版的代表作《少年犯罪的原因》一书中,将犯罪行为的发生与各种社会控制的减弱联系起来。他指出,社会中每一个人都有犯罪的可能,每一个人都是潜在的犯罪者。由于犯罪行为可能给个人与朋友、家庭、邻居、学校和工作单位等重要机构的关系造成不可弥补的损失,一般人都担心这种损失而不得不遵守法律。个人如果没有这种约束,又不关心他人和社会的利益,便会去实施违法犯罪行为。赫希将各种社会控制因素分为依恋、奉献、参与和信念四种,指出各种社会控制因素之间的相互作用影响个人犯罪与否的抉择。如果一个人对父母和朋友都感到亲切,往往会注意他们的希望,他就更有可能选择并努力实现一些合法的目标。反之,如果一个人无视上述各种社会关系,就可能缺乏对常规目标的奉献,进而实施犯罪行为。[1]

(三)标签理论

标签理论也称为社会标定论。所谓标签,就是一种标记,是社会按照某种规定给一些人留下的印记。

标签理论认为,一个人是不是犯罪的人,不是由行为人自身的行为决定的,而是由社会上掌握权力的人的评价决定的;违法犯罪行为是社会定义的结果,而如何定义则是由社会内部力量对比决定的。这一理论的主要代表人物是美国学者默特、贝克等人。

---

〔1〕 曹子丹主编:《中国犯罪原因研究综述》,632页,北京:中国政法大学出版社,1993。

这种理论强调，一个人之所以成为犯罪人，往往是因为其家庭中的父母或学校里的老师、司法机关以及犯罪矫正机构在处理个人的偏差或违法行为时，对行为人加上了坏的标签，如"坏孩子""不良少年"等，致使行为人自己在不知不觉中修正自己的形象，确认自己为"坏人"，而且社会也对其给予了不良评价，使偏差行为人陷入更严重的偏差行为，乃至越陷越深。事实上，没有任何人类行为本来就是越轨的或犯罪的；犯罪是在社会相互作用过程中被规定的。社会组织通过制定规则创造越轨行为，并通过将这些规则适用于某些人，从而标明他们是为社会所不容的人。

（四）整合理论

这一理论的主要代表人物是美国犯罪学家约瑟夫·威斯（Joseph Weis）、德尔伯特·埃利奥特（Delbert Elliot）、多伦斯·桑伯瑞（Terence Thornberry）等人。威斯等人将社会控制理论和社会结构理论进行整合，提出了社会发展理论。他们认为，个人的性别、种族和经济状况等因素与人在社会结构中的地位相关，这种因素对人的行为选择有很大影响。据此，他们提出了整合的理论模式。依据这一模式，社会控制理论和社会结构理论假定的各种因素对犯罪都有影响。在一个低收入、无组织的生活环境中，各种社会化机构的功能薄弱。在这种环境中，由于既定的犯罪率较高，青少年违法犯罪的机会较多，接受犯罪团伙影响较大，容易认同犯罪群体的价值观念，因而有较多的青少年选择犯罪的行为方式。

威斯等人将社会控制理论和社会结构理论进行了整合，提出了社会发展理论。他们认为，个人的性别、种族和经济状况等因素与人在社会结构中的地位相关，这种因素对人的行为选择有重大影响。同时，社会化过程对一个人的行为选择也有影响。据此，他们提出了整合的理论模式。依据这一模式，社会控制理论和社会结构理论假定的各种因素对犯罪都有影响。在一个低收入、无组织的生活环境中，各种社会化机构的功能薄弱。在这种环境中，由于既定的犯罪率较高，青少年违法犯罪的机会较多，接受犯罪团伙影响较大，容易认同犯罪群体的价值观念，因而有较多的青少年选择犯罪的行为方式。

埃利奥特等人将紧张理论、学习理论和控制理论综合在一起，也形成了一种融合理论。这一理论认为，紧张感、社会化程度不足以及生活在一个解体的社区这三种因素，会导致青少年缺乏正常的制约。制约程度的削弱和紧张感将促使他们去寻找同样心态的青少年犯罪团伙并与之进行交往，并且逐步地依附于这样的青少年犯罪团伙。与青少年犯罪团伙的交往会强化其消极态度，同时又可以为他们提供行为模式，这些青少年也会逐渐地从事犯罪活动。

桑伯瑞对上述两种整合理论进行再度整合，提出了多因素相互作用理论。他强调指出，影响青少年犯罪的各种因素是相互作用的，而且青少年犯罪这一结果本身与这些因素也是相互作用的。此外，各种因素在青少年成长过程中的不同时期对青少年犯罪的影响是不同的。在青春期初期，家庭及父母的影响较大；在青春期中期，学校、朋友和青少年文化的影响较大;在青春期后期和成年时代,本人在社会中的角色,如丈夫、父亲、教师和不同工作环境的影响较大。在每个时期,青少年犯罪这一结果又会反过来影响导致其产生的各种因素。如此循环下去,就会产生职业性惯犯。[1]

三、当代西方犯罪学研究的特点

欧洲是资产阶级革命的发源地,因此,在资本主义的早期发展中,西欧一直居于领先地位。犯罪学首先诞生在西欧并迅速发展传播,也是与这一客观历史条件分不开的。不过,进入 20 世纪以后,经济日益发展的美国逐渐赶上西欧国家,在犯罪学研究方面,也逐渐取代了西欧的领先地位。从整个西方来看,犯罪学的研究还是得到了广泛的重视。

当代西方犯罪学的研究呈现出如下几个方面的特点。

(一) 多因素的犯罪原因理论日益受到重视

据一些学者的统计,西方学者在解释犯罪原因时形成的学派达 40 多个。这些学派从道德、宗教、社会、风土、教育、心理、气候、人口、文化、生物等各个方面提出犯罪产生的原因,甚至把制约犯罪的机构,如刑事司法部门及教育机关、福利部门等也作为发生犯罪的原因。而且,从事不同学科研究的学者从自己本学科的特点出发,就某一方面的原因作了详尽、细致的阐述。犯罪学的研究出现了多学科结合研究的特点。

(二) 重视犯罪预防理论的研究

虽然犯罪学作为一门独立学科形成之后,犯罪预防的思想一直起着重要作用。但是,在早期的犯罪学研究中,犯罪预防是受到冷落的,相对于犯罪原因的探讨而言,成型的、系统的犯罪预防理论明显匮乏。进入 20 世纪以后,特别是到了 20 世纪 50 年代以后,西方国家的犯罪现象进一步趋于严重,成为西方国家最为严重的社会问题之一。

这种现象促使一些犯罪学家认识到,犯罪预防才是犯罪问题研究的最终归宿;苦苦专注于犯罪原因的探讨而忽视犯罪的预防,难以收到控制犯罪的实际效果。联合国所属专业机构也致力于预防犯罪的研讨。与这种努力相呼应,犯罪预防和犯罪对策的研究开始受到学者们的重视,一些犯罪预防的理论也得以出现。

事实上,犯罪预防理论进入犯罪学的研究视野并日渐受到重视也不是偶然的,而是犯罪发展趋势的客观要求,是犯罪学作为一门科学存在的内在需要。只有将犯罪学研究的重点放在犯罪预防上,犯罪学这一学科才能获得动力和活力。

(三) 青少年犯罪问题受到世界各国的普遍关注

第二次世界大战结束以来,世界各国青少年犯罪急剧增加,引起了各国的普遍重视。

---

[1] 曹子丹主编:《中国犯罪原因研究综述》,635～636 页,北京:中国政法大学出版社,1993。

特别是青少年犯罪的低龄化趋势、暴力犯罪及青少年吸毒等成为犯罪学研究中不容忽视的重要问题。因此,如何认识青少年犯罪原因,如何预防青少年犯罪,如何教育和改造已经犯罪的青少年等,成为世界各国学者共同思考和重点研究的犯罪学问题。在各国的犯罪学著作中,专门研究青少年犯罪的著作占有相当的比例。

(四) 犯罪学研究的领域逐步扩大

西方以往的犯罪学研究大多注重对犯罪人的研究,从 20 世纪 50 年代开始,犯罪学研究领域里出现了对于被害人的研究,并形成了一门新的学科即被害人学。被害人学的产生,使犯罪学的研究从单纯对犯罪人问题的研究转向了对犯罪人和被害人两方面的研究。被害人学的研究成果,对犯罪学的研究产生了积极的影响,并使犯罪学研究的领域更广阔,研究成果更富有成效。

第三章　中国犯罪学思想概览

第一节　中国古代犯罪学思想的发展

一、中国古代关于犯罪原因方面的思想

在我国古代，许多思想家对犯罪问题作过广泛而深入的研究，也提出了许多有价值的见解。最早可以追溯到春秋战国，各种思潮纷纷出现，成为我国古代思想史上最活跃的时期，也就是历史上的"百家争鸣"时期。在这一时期，与犯罪原因相关的法律思想有密切关系的是儒、墨、道、法四家学派，其中儒、法两家关于犯罪原因的思想理论最能体现封建统治阶级的意志和利益，影响较为深远。

需要指出的是，儒、法两家关于犯罪原因的观点是不同的。其中儒家认为，产生犯罪的原因有主观和客观两个方面，主观原因是人的私欲膨胀，客观原因主要是生活贫困。例如孔子认为："贫而无怨难。"孟子认为："民之为道也，有恒产者有恒心，无恒产者无恒心。"

汉代思想家董仲舒认为："大富则骄，大贫则忧。忧则为盗，骄则为暴（人的私欲膨胀），此众人之情也。"

法家则认为：犯罪的根源在于人的"好利恶害"的天性（好利恶害的含义：人之趋利，就像水之趋下一样，是必然的，在利益驱动下，人会不顾一切，即使是违法犯罪，也在所不惜）。法家认为生活贫困等外部因素只是犯罪的条件，而不是根源，因而主张用重刑来遏制和防止犯罪。

尽管儒、法两家在犯罪原因上的观点不同，但它们的最终目的却是一致的，即都是为了维护封建的统治秩序。

二、中国古代关于犯罪预防方面的思想

我国古代关于犯罪预防思想的发展，经历了一个漫长而又曲折的过程。

（一）夏、商、西周时期

1. 夏朝时期

我国历史上的第一个奴隶制王朝是夏朝。古代传说中的三皇五帝，都是德高望重的

人物。但是,随着社会物质条件的发展,他们"为公"的观念逐渐淡漠,以至渐渐消失。举例来说:提到尧、舜,大多数学者表示极其崇拜和敬重,究其原因,人们主要是仰慕尧、舜的品德,他们生活俭朴,大公无私。其中尧对于重大事务善于征询下属的意见。例如,尧让位于舜,就是在征得了其下属的同意之后才作出的决定。

而舜将禹作为继承人,据《史记》记载,只说"帝舜荐禹于天",《史记》中并未提到舜曾经征得其下属的同意后才让位于禹,由此可以看出舜虽然没有私利观念(因为他后来让位之人禹与他并无血缘关系),但明显不如尧那样善于征询下属的意见。

禹因为治水而有大功,颇得人心,当舜还在帝位之时,一位叫皋陶的法官十分敬重禹的才能,命令人民都要听从禹的命令,不服从者,刑罚处置。由此可见,当舜还在帝位之时,禹就已经拥有了咄咄逼人的气势。

约在公元前 21 世纪,夏禹突破了"帝位禅让"的传统,不再将帝位传给没有血缘关系的圣贤之人,而是传给了自己的儿子启。"天下为公"从此转变为"家天下",这是我国奴隶制国家形成的标志。夏朝的统治者们主要是运用天命、神权思想来控制犯罪。据史书记载,夏王启"恭行天之罚",即代表上天对不服夏朝奴隶主统治的人施行惩罚。这样,就为夏王的统治披上了一件合法的外衣,并借以控制犯罪。

2. 商朝时期

商是兴起于黄河中下游的一个古老的部落。传说商的始祖曾经追随夏禹治水。大约在公元前 16 世纪,至汤时,商人的实力已经较大。商汤首先灭葛(一个部落的名称),继之后又征服了许多部落。此时正是夏桀统治暴虐时期,当时民怨沸腾,商汤于是举兵伐桀,并消灭了它。

商朝奴隶制国家的确立和发展,使由来已久的神权政治得到充分发展。据史书记载,商朝的奴隶主贵族极端迷信鬼神,甚至可以说,听命于神是商朝法制的指导思想和基本特点。如甲骨文的卜辞就生动地说明了这一点。殷商统治者每遇大事,必先行占卜,以求消灾降福。在鬼神和王权之间的中介则是巫吏等神职人员,他们代表鬼神,指导国家政治和国王行动,说明巫吏的知识高于一般人,为人所信服,这些巫吏是当时意识领域的权威,拥有相当大的政治权力。汤死之后,汤的丞相伊尹便是一个巫吏,伊尹曾将汤的继承人"太甲"放于桐(地名)这个地方长达三年之久,直到太甲表示愿意接受神权的意识,伊尹才让他继位。可见其政治权力之大。

另外,将祖先崇拜与神灵崇拜相结合,使神直接为政治统治服务,是商朝神权政治高度发展的重要标志。统治者将他们的祖先与神灵合而为一,具有深刻的政治内涵:违背王命,不但获罪于天,而且为列祖列宗所不容。这种观点对于此后的封建法制的建立也有重要意义。

3. 周朝

周是与夏、商几乎同样古老的部族,兴起于适于农耕的渭水中游、黄土高原上。大约公元前 12 世纪,首领古公亶父为了避免西北游牧部落的侵扰,率领自己的族人由原来的陕西豳邑迁移到陕西岐山,发展农业,开始建造城郭宫室,改革旧习,设立官司,成了商朝的一个属国。商朝晚期内外矛盾尖锐复杂,周人则通过王季、文王、武王三代人的继续经营和扩张,逐渐强盛起来。公元前 1027 年,周武王会同许多小国和部族讨伐商纣,战争仅进行了两个月便宣告胜利,纣王自焚,商朝灭亡。周初的统治者从中领悟和总结了深刻的经验教训,为了谋求长治久安,在夏、商的基础上,适应新的形势,对法制进行了重大改革。

周朝初期法制的指导思想是"敬天保民""明德慎罚""以德配天"。西周的统治者注重人事,实行礼治,其中也包含较为丰富的犯罪预防方面的思想。到了周穆王时期,出现了《吕刑》,进一步发展了"明德慎罚"的思想,始终贯穿宽法慎刑的基本精神,强调德刑兼用,并使法律制度法典化,它使我国奴隶社会犯罪预防的思想得到了完善。

(二)春秋战国时期

公元前 770 年,周平王把国都东迁至现在的河南洛阳,史称东周。从东周开始至公元前 476 年的 290 多年,被称为"春秋时期",而从周元王元年即公元前 475 年到公元前 221 年秦始皇统一六国是"战国时期"。

春秋战国是我国由奴隶制向封建制转变的大变革时期。春秋时期的大改革家管仲采取分层管理、轻徭薄赋的预防犯罪思想,在我国的犯罪预防思想史上占有重要的地位。

在春秋战国时期出现了百家争鸣的学术繁荣局面。在众多的学派之中,儒、墨、道、法是最主要的学派。当时,有些学派的代表人物将人性论作为犯罪预防对策的重要依据,重视从经济方面分析产生犯罪的原因,提出各种预防犯罪的方法,特别是儒家的"礼义道德感化主义"和法家的"重刑主义"很值得深入研究。此外,代表小生产者利益的墨家的犯罪预防思想颇有特色,墨家认为:社会上一切祸乱的根源在于人们"不相爱",因而提出了互助互利的"兼爱"说,作为解决社会问题和预防犯罪的原则。

(三)秦汉至隋唐时期

1. 秦朝时期

公元前 221 年,秦始皇完成了统一中国的大业,建立了中国历史上第一个统一的多民族的专制主义中央集权制的封建国家,这种统一主要体现在以下几方面。

政治方面,在全国范围内建立统一的政治体制,把原来秦国的法律推行到全国。

经济方面,在全国范围内确立了封建土地私有制,继续推行商鞅变法以来的重农抑商政策,并统一了车轨、货币和度量衡,以利于封建经济的发展。

文化思想方面,统一了文字,促进了全国的文化交流与政治、经济的发展。下令焚毁了除《秦记》以外的史书和"诗、书、百家语"等书籍,并以极端残忍的手段坑杀了政治上持异议的儒生,以此来加强秦朝统治者在文化思想领域的专制统治。

秦统一中国,是在法家思想的指导下,凭借武力而获得成功的。统一后,秦始皇重用法家的李斯、韩非等人,进一步推行暴力统治。当时,指导秦国刑事立法和司法审判实践的基本理论,是商鞅、韩非等人关于犯罪的理论。他们都相信重刑可以防治犯罪,所以秦统治者也是以严刑峻法作为维护其统治和防治犯罪的手段。结果,激起了人民的强烈反抗,残暴的秦王朝很快就在秦二世时被推翻了。

2. 汉朝

公元前 207 年,秦王朝的残暴统治在农民大起义中覆灭。经过楚汉之争,刘邦击败了项羽,建国号汉,史称"西汉"。到了西汉末年,社会矛盾日益尖锐,外戚王莽篡夺了皇位,建立了新朝。王莽的政权仅存在了 17 年,于公元 24 年被绿林、赤眉农民起义军推翻,但是农民起义的胜利果实却被地主阶级的代表刘秀夺取。公元 25 年刘秀称帝,重建汉朝统治,史称"东汉"。东汉末年,社会矛盾日趋尖锐,公元 184 年爆发了黄巾军大起义,东汉王朝不久就灭亡了。

两汉时期是封建专制主义中央集权巩固和发展的时期。两汉的统治者在王朝建立的初期,实行轻徭薄赋的政策,社会经济很快得到恢复和发展。长期统一局面的出现,使得社会比较稳定。汉惠帝下令废除了秦朝以来的《挟书律》,学术思想又开始活跃起来,尤其是儒家的学说得到了广泛的传播。

继秦之后的西汉王朝十分重视总结秦朝灭亡的经验教训,采取黄老(黄帝、老子)"无为而治"的学说作为其治国的指导思想,轻徭薄赋,并减轻刑罚,从而缓和了社会矛盾,减少了犯罪,稳定了社会秩序,出现了"政宽人和""刑罚罕用"的文景之治。然而,黄老的"无为"思想过于消极,到了西汉中期,为适应封建"大一统",巩固封建皇权和加强对人民思想统治的需要,董仲舒的"新儒学"也应运而生。这种新儒学把实施礼义道德教化作为巩固封建统治,预防犯罪的主要指导思想。

3. 隋唐时期

公元 581 年,北周大臣杨坚夺取了政权,建立了隋朝。隋文帝前期注重法制改革,制定的《开皇律》是唐律的蓝本。但是,隋文帝既立法又毁法,隋炀帝继位后,更是变本加厉。隋炀帝穷奢极欲,实行严刑峻法,连年征战,赋役繁重,致使社会矛盾趋于激化,隋朝终于在农民大起义的狂澜中灭亡了。

太原留守李渊及其二儿子李世民在隋末农民大起义中乘机起兵,于公元 618 年建立唐朝,直到公元 624 年,平定了地方割据势力,大体上统一了全中国。唐初的统治者,特别是唐太宗吸取了隋朝灭亡的历史教训,深知必须"与民休息"才能长治久安。唐太宗注意加强吏治,也很重视法制,并减轻赋税和徭役,从而缓和了阶级矛盾,促进和加速了生产的恢复和发展,社会经济迅速增长,封建法律空前完善,这为唐朝后来的开元与天宝时期的盛世局面奠定了坚实的基础。唐王朝当时成了经济繁荣、国势强盛、文化发达的东方大国。

隋朝存在时间虽然短,但是其法制却相当完备。唐朝正是在隋朝的法制基础之上进一步发展、完善的。《唐律疏议》和初唐的法制被后世的封建统治者奉为楷模。隋唐两代,是我国封建时代犯罪预防思想的成熟时期,礼法结合、以礼率律的形式在立法中固定下来。

4. 宋朝至清朝后期

公元 960 年,赵匡胤通过"陈桥兵变"夺得了政权,建立了宋朝,以现在的河南开封作为其都城。宋朝至鸦片战争前期,是我国封建社会的后期阶段。这一阶段,由于君主专制主义日益发展,封建社会的经济日趋衰变,因此导致社会矛盾日益尖锐,阶级斗争更加激烈,犯罪现象日趋严重,不断发生农民起义,而且意识形态的各个方面也直接受到了影响。于是,统治阶级开始强化对人民的思想统治。宋代"理学"的兴起正好反映了这样的发展变化。宋代的理学家朱熹把"理"说成是世界万物之本源,认为忠孝仁义、三纲五常是永恒不变的,要求人们"存天理,灭人欲",以预防犯罪。

理学发展到明代时,出现了王守仁的"心学",王守仁认为"心即理",理就在人们的心中。他强调要从人们的动机上断绝"恶念",消除犯罪的念头。王守仁在镇压农民起义的过程中,积极推行保甲制度和乡规民约,在客观上起到了减少和防止犯罪的作用。又如宋代王安石变法时,推出的方田均税法、保田法等一系列法律、法令,对于预防和减少犯罪有一定的作用,值得重视。

从我国古代犯罪学思想的历史发展来看,历代统治者和许多思想家、政治家,为了谋求国家的长治久安,十分重视犯罪预防,从而逐渐形成了带有综合性的较为系统的犯罪预防的理论和经验。具体表现为,主张综合运用各种统治手段,调动社会各方面的力量,使之形成整体,发挥预防犯罪的作用,并采取多种方式和各种措施治理社会。以上手段和措施有效地维护了当时的社会秩序,取得了一些实际效果。

第二节　新中国犯罪学的发展概况

一、中国近代犯罪学的发展状况

虽然我国古代有许多哲学家和思想家对于犯罪原因及犯罪预防有过探讨,但是,受历史条件的局限,他们的思想尚未形成科学的体系,只能称为犯罪学的思想。

20 世纪初期,随着我国民族资产阶级革命运动的兴起,一些有志之士开始走出国门,向世界各国寻求经验,并将一些政治、哲学、历史、法学等理论知识引入国内。

我国的犯罪学研究也是以此为契机进一步发展的。20 世纪 20 年代末到 30 年代,是我国犯罪学教学、研究的一个非常活跃的时期。在这一时期,我国从事法学研究的人员翻译了世界各国的犯罪学著作。同时,在一些高等法学院校的法律系先后开设了犯罪学课程,开始研究中国的犯罪问题,并出版了一些犯罪学的教材和专著。

1840 年,英国侵略者在其他西方资本主义列强的支持下,向古老的中国发动了鸦片战争。

鸦片战争以后,中国的社会阶级结构和主要矛盾开始发生变化。从此,中国的革命进入了一个新的历史时期,即以反帝反封建为主要任务的资产阶级民主革命的时期。

在近代中国社会发展过程中,先后出现了地主阶级开明派、洋务派、资产阶级改良派、资产阶级革命派、太平天国农民革命派等,他们在论富国裕民、治国安邦的问题时,都在不同程度上提出了犯罪预防方面的思想和主张。例如,龚自珍和林则徐的重惩鸦片罪犯的思想;太平天国在《天朝田亩制度》中的犯罪预防主张;洋务派的办洋务以"求富""自强"的思想;康有为的大同思想;孙中山实行民生主义以预防犯罪的主张等,均从不同方面提出了颇有价值的犯罪预防的思想和见解。

特别是中国法律近代化的奠基人沈家本,在主持清末修律的过程中,把自由、平等、博爱等原则,与中国古代预防犯罪的思想相结合,形成了独特的"汇通中西"的犯罪预防理论。

二、中国现代犯罪学研究的现状

新中国成立后,为了维护社会治安,在对新中国成立之初的刑事政策、刑事制度、劳动改造罪犯制度进行研究的同时,也对犯罪现象产生的原因及预防进行了进一步研究,并取得了一定的成就。不过,我国早期对犯罪问题的研究是从属于刑法学的,当时尚无独立的犯罪学体系。后来,由于受法律虚无主义的影响,我国的法治建设一度处于落后甚至停滞状态。从属于法学的犯罪学,更是在很长时间内无人问津。

随着经济、社会的不断发展,犯罪领域也出现了一些新的变化,这种客观现实引起了社会各方面对犯罪问题的重视,也吸引了许多司法工作者、法学工作者以及教学、科研人员对犯罪问题的专门研究,各种研究犯罪问题的学术团体得以形成。这些都为建立适合我国国情的社会主义犯罪学奠定了良好的基础。在这之后,一些政法院校开始开设犯罪学课程,有的院校还建立起了犯罪学教研室,并开办了犯罪学专业。至此,我国专业化、系统化的犯罪学研究开始形成。

三、新中国犯罪学研究取得的进展

(一) 研究领域更广泛,研究方法更科学

从研究领域来看,新中国的犯罪学在研究犯罪产生的社会因素时,还涉及政治、经济、文化、教育、宗教等各个方面;从研究方法来看,学者们同时从社会学、心理学和精神病学等角度探寻犯罪原因,吸收这些学科的先进成果,并运用比较法、思辨与实证相结合的方法,展开对犯罪问题的研究。

(二) 论著颇丰

我国公开出版的教材、专著在数量上已经形成了相当的规模,涉的范围也很广泛。

例如,《犯罪学》《犯罪学通论》《青少年犯罪学》《犯罪心理学》《犯罪社会学》《论证犯罪学》《当代实证犯罪学》《经济犯罪学》《中国现阶段犯罪问题研究》《被害人学》《比较犯罪学》《新犯罪学》等众多著作相继问世。这些教材和专著体系日趋完善,内容论述也有相当的深度。

(三)犯罪学教学受到重视

目前各政法院校和综合大学的法律系、法学院都较为普遍地开设了犯罪学课程。如中国人民公安大学开设了犯罪学本科专业,中国政法大学成立了刑事司法学院,华东政法大学成立了刑事司法系,等等。专业的教学和科研,为犯罪防治部门输送了大批高级人才。1991 年起,北京大学法律系开始招收犯罪学研究方向的博士研究生,这标志着中国犯罪学的教学与科研又上了一个新台阶。随后吉林大学、中国政法大学、武汉大学等高等院校也陆续开始招收犯罪学研究方向的博士研究生。

第二编　犯罪学总论

第四章　犯罪现象

第一节　犯罪现象概述

一、犯罪现象的概念和特征

（一）概念

犯罪现象是指一定社会中存在的法律现象，是某个国家或地区在一定的时期内一切犯罪的总和。其中，这里的"一切犯罪"包括违法行为、社会越轨行为、社会病态行为，即是指犯罪学视野下的"犯罪"，而非刑法学所指的仅由刑事法律明文规定的犯罪。

（二）特征

1. 客观性

犯罪现象的客观性，是指犯罪现象作为与阶级、国家和法处于同一逻辑层次上的现象，它的存在、变化不以人们的主观意志为转移。

犯罪现象和科学技术的发展在整体上是同步的。例如现代社会中的劫持航空器、危害环境、网络犯罪等犯罪行为在古代社会是不存在的。

2. 法律性

这是指犯罪学中所研究的犯罪虽然要广于刑法学所研究的犯罪，但它同样是以刑事法律的规定为基础的，因此，犯罪现象必然具有法律性。

3. 相对性

对犯罪现象的评价以一定社会中的法律规定为标准。虽然法律的制定不能不打上一个国家、民族的经济、文化等烙印，但是，确定犯罪行为的法律评价标准最终取决于统治者的价值观。因此，对于什么是犯罪行为，在不同的社会形态里，在某个社会发展的不同阶段，会有不同的评价。此时此地被认为是犯罪的行为，彼时彼地则可能被认为是合法的行为。例如，海盗行为，在今天虽然被世界各国公认为犯罪行为，但在古代，很多国家却仅将其视为谋生的手段。

4. 社会性

犯罪现象的社会性是指犯罪现象植根于社会生活中，并构成社会生活的一个组成部分。犯罪行为是由一定的社会成员实施的，该成员处于一定的社会关系之中。

5. 历史性

犯罪现象的历史性，是指犯罪不是从来就有的，也不会与人类社会共始终，而仅仅存在于一定的社会历史阶段。作为一个历史范畴，犯罪与法、阶级和国家一样，是产生于私有制基础之上的社会现象，是在私有制出现之后，伴随着阶级的出现而出现的。

6. 因果性

所谓犯罪现象的因果性，是指在特定的时间顺序中，犯罪现象是由其他诸多的社会现象所引起的结果，每一种犯罪现象都受一定的因果关系的制约。

犯罪现象是主、客观因素的综合反应，从社会学的角度分析，犯罪现象的产生，有着深刻的社会根源，涉及社会物质生活和精神生活的方方面面。

7. 时间性

犯罪现象往往在一定时间内表现出一定的规律性。例如，某些犯罪现象在一定时间内，在年、月、日内都有不同的分布状况，表现出某些规律性的变化，某些时候多，某些时候少。例如，冬季夜长为盗窃等犯罪带来了方便；而由于夏季气温较高，人的情绪容易激动，加上人与人在户外接触的机会多于其他季节，所以在夏季，侵犯人身的犯罪相对其他季节较多。

8. 空间性

犯罪现象的空间性，是指犯罪在不同空间表现出不同的分布规律。大到世界的不同国家，小到一个国家内的不同地区或社区，如城市和农村，沿海地区和内陆地区等，都有不同的表现。

从具体的犯罪行为分析，犯罪现象的空间特性则表现得更为明显。任何犯罪行为都是在一定空间范围内实施的，进而形成了一定的犯罪现场。

犯罪现场是指犯罪分子实施犯罪行为的地点，以及遗留同犯罪有关的痕迹及其物品的一切场所。例如，凶杀案件中的行凶地点、移尸、碎尸、抛尸现场和遗留凶器、血迹、物品的一切场所。

犯罪现场是形形色色、多种多样的。犯罪行为发生在室内的，称为"室内现场"；犯罪行为发生在室外的，称为"露天现场"；犯罪行为发生后现场未遭到破坏的，称为"原始现场"；痕迹和其他物证遭到破坏的，称为"变动现场"；犯罪分子为了掩盖其犯罪事实，对现场设置伪装的，称"伪装现场"。以上各种现场的产生都有自己的特点和规律，认真分析各种现场的构成原因、条件和过程，找出其特点和规律性，对于揭露案件真相有着重要的作用。

二、犯罪现象的结构和分类

（一）犯罪现象的结构

犯罪现象的结构是指按照一定原则确定的各种犯罪要素之间的比例关系。

犯罪现象的结构可以分为群体犯罪现象的结构和个体犯罪现象的结构。

群体犯罪现象的结构关注的是群体犯罪现象中各要素及各要素之间的关系与层次，如各种类型的犯罪在一定时间、一定区域的总体犯罪中的比重；不同犯罪主体在犯罪人中所占的比例；随着科技的飞速发展，高科技手段犯罪与传统犯罪的对比等。

个体犯罪现象的结构是指个别、具体的犯罪现象中的犯罪构成要素及各要素相互之间的关系。

对犯罪现象结构进行分析和研究时有两个主要的切入点。

一个切入点是犯罪主体的结构。犯罪主体的结构是指以实施犯罪的人为基点所确定的各要素之间的对比关系。从犯罪学的角度，以犯罪主体为视角可以确定诸多要素，如主体的年龄、职业、性别、犯罪经历、生理与心理特征、受教育程度，等等。

犯罪主体的诸要素又可以进一步划分，例如，以年龄为视角，又可以将犯罪主体的年龄阶段划分为未成年、青年、中壮年、老年等。

另一个切入点是犯罪行为的结构。犯罪行为的结构是指以行为为基点所确定的各要素之间的对比关系。犯罪行为的结构包含的诸多要素有犯罪名称、犯罪类型、犯罪方式、犯罪的时间和地点等。

一般而言，犯罪行为结构的研究主要侧重于两个方面，即犯罪行为的类型结构和犯罪行为的方式结构。

犯罪行为的类型结构，是指依据一定标准来确定的不同类型的犯罪之间的对比关系。例如，如果以犯罪的严重程度为标准，可以考察犯罪现象中严重犯罪，较重犯罪和较轻犯罪的对比等；如果以犯罪所侵害的法益为标准，可以考察侵害国家政权罪，危害公共安全罪，妨碍市场经济秩序罪，侵犯公民人身、民主权利罪，侵犯财产罪等之间的对比。

犯罪行为的方式结构，是指依一定的标准确定的各种实施犯罪的方式在犯罪行为中所占的比例。

犯罪行为方式主要是指实施犯罪行为的手段和形式。以犯罪行为方式为视角时，可以依据不同的原则来确定不同的要素。例如，以犯罪手段为基点，可以考察杀人、伤害等传统犯罪中的暴力手段与计算机等现代智能型犯罪中的高科技手段之间的对比。以犯罪组织形式为基点，可以考察单个人犯罪、有组织犯罪之间的对比。

从犯罪行为的方式结构来看，近年来呈现出的最明显的变化有以下几方面。

第一，新技术领域的犯罪增多。

人类发展的历史表明，每当一项新技术应用于社会生活，在造福于人类的同时也不可避免地伴有相关犯罪的产生。较为典型的就是计算机技术的广泛应用以及与计算机有关的犯罪的出现和蔓延。在一定意义上甚至可以说，高新技术和与高新技术相关的犯罪是同步发展的。正是基于此，在关注科学技术发展的同时，也要注意相关犯罪的同步预防。

第二，犯罪的国际化趋势增强。

现代科学技术的进步以及交通、通信媒介的发达,使得国际间的交往越来越频繁;经济一体化趋势的增强和对某些基本问题的认识的趋同,使各国共享的利益范围越来越大。同样,正如我们已经看到的,国际社会的发展也促使犯罪全球化的趋势日益明显。

犯罪的国际化趋势增强,一方面,表现为传统的国内性犯罪,如盗窃、诈骗、拐卖人口等犯罪向国外发展;另一方面,表现为传统的跨国性犯罪和国际性犯罪,如洗钱犯罪、毒品犯罪、恐怖主义犯罪有蔓延的趋势。这警示我们要加强与其他国家的刑事司法合作,加强与国际刑警组织的合作,强化与跨国性犯罪和国际性犯罪做斗争的手段;同时,要在预测未来犯罪走势的基础上,提前采取防范措施,抵御国外恐怖主义犯罪、黑社会犯罪等对社会的侵害。

(二) 犯罪现象的分类

由于犯罪学和刑法学各自的研究对象不同,因而其分类标准也不同。刑法学是以刑法的规定为犯罪分类的依据;而犯罪学上的犯罪分类原则上是从有利于对犯罪原因和犯罪特点的研究出发,为预防和减少犯罪而服务的,也即犯罪学的分类标准不像刑法学那样必须要有法定的标准。

关于犯罪学中的犯罪分类,学界至今尚无统一的划分标准。学者为了研究的方便,主要提出了以下几种分类方法。

第一,根据犯罪现象的时空分布进行划分,可以分为城市犯罪、农村犯罪,或者沿海地区的犯罪与内陆地区的犯罪等。

第二,根据犯罪行为的性质进行划分,可以分为危害国家安全罪、暴力犯罪、财产犯罪等。

第三,根据犯罪的形态划分,可以分为个人犯罪、团伙犯罪等。

第四,根据犯罪主体的生理因素进行划分,可以分为男性犯罪和女性犯罪。

第五,根据犯罪主体的年龄进行划分,可以分为未成年人犯罪、青年犯罪、中年犯罪和老年犯罪等。

第六,根据犯罪人的犯罪频次进行划分,可以分为初犯、惯犯等。

当然,还有许多其他的划分方法,本书不一一列举。

第二节 犯罪现象的时空分布

一、犯罪现象的时间分布

犯罪现象的时间分布具有时期、阶段、季节和时日的特征。

(一) 犯罪现象的时期特征

犯罪现象是阶级社会特有的社会现象。人类社会自进入阶级社会以来,经历了奴隶社会、封建社会、资本主义社会和社会主义社会等不同历史发展时期。

由于不同历史时期的政治、经济、文化以及阶级结构的不同,法律规定的罪与非罪,罪名与罪种的不同,因而犯罪的质和量也不相同。

社会在发展,犯罪也在发展。以工业化和城市化为标志的现代化社会的犯罪现象的严重性不仅表现在数量上,而且表现在犯罪结构的变化上。如财产犯罪增长最快,职务犯罪和过失犯罪大量增加,青少年犯罪和危险驾驶罪猛增,并且出现了国际性的犯罪组织。

(二)犯罪现象的阶段特征

由于犯罪现象与社会的政治、经济、文化和法制的状况有着密切的关系,因此,即使是在同一历史类型的社会的不同发展阶段,犯罪现象的时间特征也有明显不同。一般情况下,经济发展水平越高,相应的犯罪数量也就越高。

(三)犯罪现象的季节特征

季节不仅对自然界的生物有影响,而且对犯罪人的犯罪行为也有影响。研究表明:与暴力犯罪相比,财产犯罪受季节影响较小。学者研究认为,由于夏季炎热,人的情绪容易激动,人与人在户外接触的机会增多,纠纷也增多,因而侵犯人身的犯罪在这一季节较多些;在冬季,由于某些犯罪分子的生活负担随着春节的临近而加重,冬季夜长也为盗窃罪的实施带来了方便,因而冬季侵犯财产型的犯罪较其他季节多一些。

(四)犯罪现象的时日特征

犯罪学的研究表明,犯罪在一天的 24 小时之内的分布也有一定的规律性。虽然各国因其国情或国民习惯的不同有所差异,但大致表现出相似的倾向。例如,在一天的 24 小时内,抢劫、盗窃等犯罪多发生在夜间,这是因为夜晚天黑而路上行人相对白天稀少,犯罪不易被发觉;另外,夜间人们工作了一天,身心疲惫而疏于防范,犯罪行为的实施也较白天容易些。

二、犯罪现象的空间分布

(一)犯罪现象在世界范围内的分布特征

从世界范围内的分布来看,各国的犯罪近年来都呈持续增长的趋势,但不同国家和地区犯罪的增长情况不尽相同。如果将各地区的犯罪分布相比较,加勒比海地区国家的犯罪率最高,而且暴力犯罪突出。

(二)犯罪在一定国家内部的分布特征

研究结果表明,一国内不同地区的犯罪分布大致呈现如下的特点。

1. 犯罪在城市与农村的分布情况不同

从犯罪数量上看,城市的犯罪率普遍高于农村。尽管从犯罪程度上看,农村有些犯罪比城市严重,但是城市的犯罪率普遍比农村高。

造成这一现象的原因很多,其中主要有:城市人口密集,生存竞争激烈,经济生活富足,娱乐场所多,人口流动性大,居民成分复杂,基层社会组织松散,群体凝聚力差,社会控制力弱化,房屋密集,交通方便,藏匿逃离容易,因而犯罪的机会增多。而农村生活相对单纯朴素,加上村民之间彼此熟悉,约束力较强,因此农村犯罪机会较少。从犯罪结构上看,农村的暴力犯罪多,城市的财产犯罪多。

2. 同属城市,犯罪的分布情况也不同

犯罪学的研究表明,即使同属于城市,犯罪的分布也因经济发展程度、人口结构、气候及地形等因素而呈现出不同的情况。

例如气温高的地区比寒冷地区的暴力型犯罪多;政治文化中心,尤其是经济活动频繁地区的财产犯罪比暴力犯罪多;流动人口较多的地方,如车站、码头等,侵犯人身的犯罪多;工业区、商业区、旅游景点和边境地区都是犯罪相对较多的"犯罪稠密地区"。不同地区的犯罪现象不仅表现为数量的不同,还表现为犯罪结构上的差别。

三、犯罪形势的科学评估

犯罪形势是指犯罪的现状及其发展趋势。对于犯罪形势的科学评估分析,是预防犯罪的一项十分重要的基础性工作。科学的评估结果能够帮助我们客观了解犯罪的实际状况,准确预测犯罪未来的发展趋势,从而有针对性地制定切实可行的预防犯罪的策略。

犯罪形势评估主要有四大类指标。

(一)犯罪的数量和质量指标

主要包括犯罪的数量、质量、增长幅度、突出的犯罪类型,以及犯罪人员的构成状况。

(二)社会控制指标

主要包括司法机关打击犯罪的力度、发动群众的程度、物质保障的状况。

(三)影响犯罪的社会因素

犯罪问题是社会各种矛盾和消极因素的综合反映。随着社会的飞速发展,诱发犯罪的因素也会大量增多。因此,在评价犯罪形势时,应充分考虑到这些社会因素的作用。

(四)群众安全感

安全感是现实社会治安状况在人们头脑中的反映,即群众安全感是人们对社会治安状况的感受和评价。

群众安全感应主要体现在以下几个方面。

1. 群众对违法犯罪分子的态度

所谓群众对违法犯罪分子的态度,是指当自己或他人受到不法侵害时,是挺身而出与之进行斗争,还是置之不理。

2. 群众对侵犯人身安全、财产安全和公共安全的案件的承受能力

群众对于不同类型的案件的承受力是不同的。例如仇杀类案件,其侵害的对象特定,对群众安全感的威胁要少些;如果是在公共场所发生的滋扰行凶伤害或爆炸案件,由于其侵害的对象是不特定多数人的生命和财产安全,所以对群众的安全感的威胁就大得多。

3. 群众对公安、司法部门的信任感,以及对其工作效率和作风的评价

如果案件发生后,公安、司法部门能够对犯罪分子进行及时、严厉的惩处,那么群众对于公安、司法部门的信任感就会增加,也会对其工作效率和工作作风进行正面、积极的评价。

4. 群众对遭遇非法侵害的可能性的估计

如果群众普遍担心自己随时都会受到侵害,人身和财产安全难以保障,则说明群众的安全感较差。例如,"拍花"(用化学药品致人处于半昏迷状态,后劫取钱财)、"刨根"(用小锤子敲击被害人的后脑致人死亡,后劫取钱财)案发生后,人人谈之色变,群众夜间不敢独自外出,直至公安机关最终将犯罪分子抓获归案,群众才恢复正常生活。

四、犯罪规律

犯罪现象作为一种长期伴随人类历史的社会现象,总是处在不断的变化过程之中。这些变化从表面看可能是杂乱无章的,但是经过科学观察与深入研究,就会发现犯罪现象的发生、发展、变化总是遵循着某些普遍的犯罪规律。

所谓犯罪规律,就是犯罪现象在发展过程中与其他的社会现象或自然现象之间的比较稳定的联系。这种联系的反复出现,可以帮助人们更加准确地预测、预防和控制犯罪。

犯罪规律可以分为宏观、中观和微观三个层次。犯罪现象的宏观规律,是指犯罪现象发展变化的基本规律及其在某个社会的较长时期内的体现,属于某个社会中由其历史渊源与现实冲突的交叉互动而产生的政治、经济、人口、社会管理和人文环境等多方面的致罪因素同宏观犯罪变化之间的本质联系。犯罪现象的中观规律,是指某一区域较短时期之内的犯罪规律,属于特定区域与时期内各种致罪因素的综合作用同相应范围内的犯罪变化之间的本质联系。犯罪现象的微观规律,是指某一类型犯罪乃至具体个案的发生、运行规律,属于特定犯罪类型乃至具体个案的特殊致罪因素同相应犯罪发生、运行过程之间的本质联系。

我国当代犯罪学理论的研究取得了长足的进步,其表现之一就是对于犯罪规律的探索。但是,这些探索更多地集中在对宏观犯罪规律的思辨性研究,缺乏对中观、微观层次上的犯罪规律的实证研究。在犯罪规律的研究过程中,如果只是注重定性的思辨分析,而缺乏量化的概念和实证的方法与实践的检验,很难得出准确的结论,容易造成认识上的偏差甚至得出片面的结论。随着对犯罪现象研究的深入和科学技术的进步,人们越来越重视把定性和定量的方法结合起来研究犯罪问题。对犯罪规律的研究必须建立在一定时间和空间范围内,以及丰富翔实的犯罪调查资料的基础之上。

犯罪现象的规律可以从其结构规律、过程规律与犯罪相关规律三个方面来把握。犯罪现象的结构规律主要通过犯罪主体、犯罪行为和犯罪被害人三个要素及其相互关系体现出来;而犯罪现象的过程规律,一般是指一定时间和空间范围内,犯罪现象发展、变化和运行的动态规律,一般通过犯罪时间序列的形式表现出犯罪现象的增减趋势;犯罪相关规律,是指犯罪现象与某些社会政治经济现象或自然现象的比较稳定的普遍联系。需要注意的是,这些犯罪规律不是相互孤立的,而是互相作用、互相影响的。它们是一个有机的整体,我们将犯罪规律进行分解,只是从不同的角度、不同的侧面加深对犯罪规律的了解和认识,以便能够更加接近犯罪现象规律的真实状态,从而充分利用这些规律为制定预防打击犯罪对策服务。

(一) 犯罪现象的结构规律

1. 犯罪主体的规律

犯罪主体的规律,是指犯罪人群体在年龄、性别、文化背景、种族背景和生长环境等社会人口学特征上的结构上的特点和发展变化的规律。

以性别为例,从世界范围内各国的犯罪统计来看,犯罪人群体中男性都占有绝对多数的比例,特别是在针对人身的各种暴力犯罪中,处于成年初期的男性占有很大的比例。在一些针对财产的犯罪中,女性犯罪人的比例近年来有所上升,但是总体而言,男性犯罪人在犯罪人的总体中的比例远远高于女性犯罪人。这是由男性的生理特征和性格特点以及在现代社会中男性的社会角色等因素综合决定的。但是,我们也应该注意到,随着社会开放的程度不断增强,女性的社会地位的提高和参与社会活动的增加,女性犯罪人的增长速度普遍高于男性,也可以说,男女犯罪人的比例差距比以往相对减少了。许多犯罪学家都认为,随着男女的社会分工界限的模糊,男女犯罪人的比例差距也将逐渐缩小。在城市犯罪中,流动人口的犯罪率显著高于城市中常住人口的犯罪率,这一点也是犯罪学家特别注意到的一个规律。关于这种规律,可以从社会控制力量的强弱、文化冲突理论和差别交往理论中找到不同的原因解释。在一些移民国家中,移民的犯罪率也显著地高于本地居民的犯罪率。

2. 犯罪行为的规律

犯罪行为的规律,是指犯罪行为从动机、行为到后果等环节的演变过程中,在犯罪手段、犯罪时间、犯罪地点和被害人的选择等方面的结构特点。从美国、加拿大等国家的官方犯罪统计以及被害人调查来看,暴力犯罪的总体数量有下降的趋势,但是财产犯罪的数量却呈现一定的上升势头。从我国公安部门发布的数据来看,也呈现类似的规律。暴力犯罪由于其社会危害性较大,从而引起普通居民、政府和执法机关的高度重视,所以在各种犯罪行为中较多地受到刑事政策的遏制。随着经济的发展,趋财性是更多的犯罪人的初始动机,也使得财产犯罪在整个犯罪现象中呈现较高的比例。更多便于携带、价值较高的产品的出现,也为财产犯罪提供了更多的机会。在不同的社会经济条件下,研究各种类型的犯罪行为的发生、发展规律,是制定行之有效的犯罪预防政策和打击对策的重要依据。

3. 犯罪被害的规律

犯罪被害的规律包括犯罪被害人的结构规律和犯罪侵害的财产的结构规律。犯罪被害人的结构规律是指被害人按照年龄、性别和社会背景等分类标准在整个犯罪被害人中的比例关系或者是受到某种特定类型犯罪行为或犯罪人侵害的被害人在整体被害人中的比例关系。从各国的犯罪统计来看,与犯罪人的情况类似,普通居民成为犯罪被害人的概率也并不相同。一般而言,年轻的男性不但在犯罪人总体中占据大多数,而且在犯罪被害人中也占有较高的比例。特别是暴力犯罪的被害人中更多的是年轻的男性。犯罪侵害的财产的结构规律就是不同种类、不同价值或不同物权的财产在所有被侵害财产中所占的比例。有些犯罪在传统意义上被称为无被害人的犯罪,如贩毒、赌博和卖淫嫖娼等犯罪行为,这时如何测量犯罪侵害的利益,是具有重大法律意义和社会意义的问题,也是犯罪被害结构中的重要组成部分。

(二) 犯罪现象的过程规律

犯罪现象处于不断运动过程之中。按照辩证唯物主义的基本观点,物质的运动是有规律的,而且这些规律也只有在运动中才能得到体现和证实。犯罪现象的过程规律就是犯罪现象在其发展变化过程中的动态规律,一般通过犯罪总量的相对增减、不同类型犯罪的此消彼长以及犯罪现象的扩散等几个方面展现出来。

1. 犯罪总量的增减规律

犯罪现象的总量不是一成不变的,而是处于不断增减过程之中的。在不同的时期之内对同一地区进行的犯罪统计中,总可以发现犯罪现象在总量上的波动。这是犯罪现象运动性的一种重要体现。比如,新中国成立以来的几次犯罪高峰,首先表现为犯罪总量上的大幅度增长或减少。一般而言,犯罪总量的大幅度增减都与社会变革或社会动荡或是刑事政策的变动有密切的关系。比如,自 1983 年以来,我国实行的"严打"政策,在短时期之内就会造成犯罪总量的大幅减少,但是近些年的统计数据表明,"严打"之后的消减期越来越短,而且之后一般要出现犯罪总量的大幅度反弹。所以,"严打"的效率以及刑事政策的比较研究也成为犯罪学家和刑事法学专家的研究课题。从犯罪总量的增减规律可以深入挖掘其背后的原因,是犯罪学研究的基本问题。

2. 不同类型犯罪的消长规律

在不同的历史时期或不同的区域,不同类型的犯罪呈现出不完全相同的消长规律。如在新中国成立之后的第一次犯罪高峰中,反革命犯罪占有绝对的比例。但是,在后来的犯罪高峰中,经济犯罪的数量明显增多,而反革命罪在 1997 年的《刑法》中被分解为若干个罪名,并且其数量在犯罪总量中的比例明显萎缩。又如,近年来暴力类型的犯罪减少了,但是财产犯罪的数量又相对增加了,这是犯罪的转移规律的体现。所以,通过执法机关的执法工作和社会政策的实行,对某些犯罪的抑制作用相对更加显著,而对其他的某些犯罪的抑制作用并不明显,甚至对某些犯罪还有一定程度的促进作用。所有这些抑制或促进的作用,促使不同类型的犯罪呈现出不同程度的增长规律,这种消长的规律在犯罪总量的增长规律中容易被隐藏起来,只有在研究犯罪总量增长规律的同时对不同类型的犯罪进行分别的研究,才可能发现犯罪的消长规律,从而有针对性地出台预防和打击对策,才能起到事半功倍的效果。

3. 犯罪现象的扩散规律

犯罪现象的扩散规律,是指一种新型的犯罪方式或犯罪现象在某一地区发生后,逐渐向周边地区扩散的规律性。犯罪现象的发展变化不是均衡的,这一点在犯罪现象的扩散过程中也会表现出来。不同类型的犯罪在扩散的范围以及扩散的速度上是不完全相同的。但是,大量的统计研究表明,犯罪现象的扩散遵循一定的规律。例如,大部分的犯罪是由经济发达地区向经济欠发达地区扩散,由城市向农村扩散,由国外向国内扩散。比如,卖淫嫖娼等社会丑恶现象,首先在沿海地区发生、发展,之后逐渐在内陆城市中蔓延,而现在即使在一些农村地区,也出现了专门从事这种行业的群体。而且犯罪现象在扩散的过程中,也呈现出不同程度的消长规律,有些类型的犯罪会在扩散过程中逐渐衰减,而有些类型的犯罪则呈现愈演愈烈的态势。

（三）犯罪现象的相关规律

无论是将犯罪现象作为犯罪人的个人现象,还是作为特定时空范围内的社会现象,犯罪现象的发生、发展变化都不是孤立的,它们总是与其他的一些社会现象或自然现象有错综复杂的联系。研究犯罪现象的相关规律实际上就是犯罪原因学中最重要的内容。比如,犯罪现象与经济发展的关系,是犯罪学家都非常关心的问题,并且产生了"正比论""同步论""代价论"和"反比论"等很多理论。但是,这些理论是否符合客观实际,唯一的方法是接受实践的检验。未经实践检验的理论本身并不是规律,但是它可以为我们研究犯罪现象的相关规律提供必要的理论指导或检验对象。

第五章 犯罪行为、犯罪人与犯罪被害人

第一节 犯罪行为概述

一、犯罪行为的概念

犯罪行为是指具有严重社会危害性且应受到处罚的客观外在活动,是犯罪现象的有机组成部分。一般而言,应从三个方面来理解、把握犯罪行为的概念和内涵。

(一)犯罪行为是具有严重的社会危害性且应受到处罚的行为

具有严重的社会危害性是犯罪行为最本质的特征。一个行为不具有任何的社会危害性,不能称其为犯罪行为。另外,犯罪学中的犯罪行为"应受到处罚"既包括刑罚处罚,也包括非刑罚处罚。其中"刑罚处罚"与刑法中的"刑罚处罚"相一致;而"非刑罚处罚"则是指刑罚处罚以外的其他处罚。

(二)犯罪行为是一种客观的外在活动

犯罪学中的犯罪行为是指与人的主观的违法犯罪思想相对应的,客观上实施了的违法犯罪的行动,是一种客观的外在活动。

一个人如果仅有违法犯罪的思想,但并未具体采取任何的客观行动,不能叫犯罪行为,也就是"思想犯"不构成犯罪。例如,一个人在日记本里记载他假想杀人,并且描写的手段极其残忍,但是其并没有付诸具体行动,就不能叫犯罪行为。

(三)犯罪行为是行为人有意识的行为

犯罪行为必须是行为人有意识的行为。也就是说,某种行为虽然造成了一定的危害结果,但不是人的有意识的行为,也就不是犯罪学意义上的犯罪行为。因此,下列行为不是犯罪行为。

1. 反射动作

反射动作是指人在受到外界刺激的情况下,瞬间做出的身体本能反应。例如正在驾车行驶的司机,由于突然受到强光刺激而闭上眼睛,致使汽车撞伤行人。在此情况下,尽管司机的行为客观上造成了危害结果,但由于缺乏意识,所以不是犯罪学上的犯罪行为。

2. 睡梦状态中的动作

如梦游症等。在此情形下,人的举动不是人的意识或意志的表现,因此,即使行为在

客观上造成了危害结果,也不是犯罪学意义上的犯罪行为。

3. 不可抗力作用下的举动

即不是出于行为人的意识和意志,而是由于不能抗拒的外力作用而引起某种行为的发生。例如消防队员在执行救火任务中,因唯一一道上的桥梁被毁,致使其未能及时赶赴现场灭火,造成严重财产损失。这里,消防队员未履行救火义务的举动是由不可抗力造成的,既没有主观上的故意,也没有过失,因而不是犯罪学上的犯罪行为。

4. 身体遭受暴力强制下的动作

例如被害人被犯罪人捆绑后,强行在伪造的文书上按了手印;储蓄所值班人员被抢劫者捆住手脚,而无法保护现金不被抢走。上述两种情况均违背行为人的主观意愿,因而也不是犯罪学上的犯罪行为。

值得注意的是,虽然完全丧失刑事责任能力的精神病人实施的行为也是一种无意识的行为,但犯罪学通常仍将其纳入研究范围,这是由于精神病的产生及其危害与一般犯罪行为的产生及其危害有着诸多的相通之处:两者在很大程度上都是政治、经济、文化、历史等社会因素与个人因素(如遗传等)相互作用的产物。这是由犯罪学的研究对象所决定的,也是犯罪学与刑法学研究对象的区别所在。

(四)犯罪行为是犯罪现象的有机组成部分

犯罪现象是一种社会法律现象,它是一个国家在一定历史时期所发生的全部犯罪行为的总称。其中犯罪行为在犯罪现象的理论体系中居于核心地位。没有犯罪行为,就没有犯罪人、被害人,也谈不上犯罪。只有全面透彻地分析研究犯罪行为,才能真正理解犯罪行为的实施者即犯罪人以及犯罪行为的侵害对象即被害人,才有可能找到犯罪行为背后隐藏的犯罪原因,并据此寻找有效的防治对策。

二、犯罪行为的构成要素

犯罪行为的构成要素,是指构成犯罪行为所必备的基本因素。犯罪行为构成的要素主要包括五个方面。

(一)犯罪时间

犯罪学上所研究的犯罪时间与刑法学上所研究的犯罪时间是不同的。

绝大多数情况下,刑法学上的犯罪时间仅是犯罪构成客观方面的一个选择要件,主要是作为定罪量刑的依据。只有在某些特殊的犯罪中,刑法才把它规定为犯罪构成的必要因素。例如,我国《刑法》第 314 条第 2 款规定:违反狩猎法规,在禁猎区、禁猎期或者使用禁用的工具、方法进行狩猎、破坏野生动物资源,情节严重的,处 3 年以下有期徒刑、拘役、管制或者罚金。这一法条就是把"禁猎期"(时间)规定为非法狩猎罪的必要因素。

而犯罪学则主要从犯罪现象、犯罪原因和犯罪预防的角度来研究犯罪时间。犯罪行为在不同的时间呈现出不同的分布特征。例如盗窃罪在冬季夜间居多,而夏季侵犯人身型犯罪居多。只有掌握犯罪行为发生的时间规律和特点,才能从时间因素方面更有效地预防犯罪行为的发生。

(二)犯罪空间

犯罪空间是指犯罪行为发生的处所和范围。犯罪行为在不同地区有不同的分布表现,并具有某种规律性。大到世界范围内不同地区、不同国家间,小到一个国家内的不同地区间,都有不同表现。例如,美国是世界上暴力犯罪最严重的国家;进入 20 世纪 90 年代以来,日本行贿、受贿大案层出;意大利则以贩毒和恐怖主义活动为特征黑手党犯罪非常猖獗;亚洲地区的发展中国家在第二次世界大战后犯罪数量呈迅猛增长的态势。

在一个国家的不同地区,犯罪行为也有不同的表现。以我国为例,在沿海经济发达地区财产型犯罪突出,在经济不发达地区则暴力犯罪居多。

(三)人

人包括犯罪人和被害人。任何犯罪行为都是由人实施的,没有犯罪人就无所谓犯罪行为,而大多数犯罪行为都指向特定的被害人。犯罪人和被害人的共存,构成了犯罪图景中的基本事实。

(四)犯罪工具

犯罪工具是指犯罪人实施犯罪行为所凭借的器械、用品,如伤害、杀人的凶器,撬门扭锁用的钳子、锯锉,割包用的刀片,等等。特别是当犯罪人实施一些危害性较大、过程复杂的犯罪行为,往往要借助一定的犯罪工具,否则很难实施。

在犯罪学中,研究犯罪工具对于预防犯罪具有重要意义。例如,犯罪分子采用高科技手段在银行自动柜员机插卡处设置了一个盗窃装置,用来窃取客户账户上的钱。这一装置是由有机玻璃制作的盒状物。外面贴有与自动柜员机颜色相似的包装材料,盒内安装有微型摄像机、照相机、插卡口和吸卡机械装置、干电池和遥控收发电子设备等,机壳外贴有"银联"标志,安装在自动柜员机插卡处,与自动柜员机插卡口相连接。

该装置具有拍摄密码、读取银行卡信息和遥控退卡等功能,是一种具有一定科技含量的新型作案工具。这种新型犯罪工具的出现,促使各银行加强了对于自动柜员机的安全管理和巡查防范工作,同时,也提醒了用户们在自动柜员机上操作时要谨慎。

再如,哑铃一度成为日本犯罪人使用的一种犯罪工具,也引起了人们的重视。2004年 12 月底,日本鹿儿岛的一名 17 岁高中生(男)挥着哑铃在一家酒馆里试图抢劫时被警方逮捕;2005 年 1 月 11 日,据媒体报道,日本警方依法逮捕了一名卡车司机,这名司机用一个 5 公斤重的哑铃杀死了 3 名被害人。

(五)行为方式

行为方式是指犯罪人实施犯罪行为所采取的手段和方法。犯罪的行为方式可以分为自由选择和被迫采取两种。

常见的犯罪行为方式主要有秘密方式、公开方式、欺诈方式、暴力方式、威胁方式等。例如,生产、销售伪劣产品罪多是采取秘密的方式在某偏僻、隐蔽的生产窝点秘密进行;而抢劫等犯罪则多以暴力方式进行;绑架他人勒索财物则既有暴力方式,也有威胁方式。

第二节　犯罪行为形成的过程

以故意犯罪行为的形成过程为标准,可以将犯罪行为形成的过程分为三个环节:犯罪决意、犯罪行为的准备、犯罪行为的实施。

一、犯罪决意

犯罪决意是指实施犯罪行为的决心和意向。犯罪决意可以分为三种类型。

(一)预谋犯罪决意

预谋犯罪决意是指经过犯罪人的深思熟虑而形成的犯罪决意。这类犯罪决意最为坚定,多表现为实施有预谋或有组织的犯罪。

(二)机会犯罪决意

机会犯罪决意是指恰逢某种时机,当即形成的犯罪决意。这类犯罪决意的坚定程度较差,没有适当的机遇就不会形成。

(三)激情犯罪决意

激情犯罪决意是指受突如其来的、强烈的情绪刺激而形成的犯罪决意。这类犯罪决意具有突发性的特点,行为不计后果。

犯罪决意形成后,并非都会立即导致犯罪行为的实施。一方面,犯罪人要进行犯罪的准备或者等待犯罪时机;另一方面,因与犯罪有关的情况的变化,犯罪人可能作出提前或延缓犯罪行为实施的决意。一般情况下,犯罪行为一经实施,犯罪决意随之消失;但是在犯罪决意重叠的情况下,犯罪人在实施一种犯罪行为后,其他犯罪决意仍然存在;对于惯犯来说,其犯罪决意始终处于持续状态。

二、犯罪行为的准备

犯罪行为的准备过程实际上是制造一种有利于犯罪实施的环境的过程。由犯罪行为的反社会性所决定,犯罪行为实施所需要的各种条件并非都理想化地存在着。所以,犯罪人为了能够使犯罪行为得以顺利实施,就要在一定客观环境的基础上积极创造条件,从而制造一个有利于犯罪实施的环境,这就是犯罪行为的准备过程。

在不同的犯罪类型中,针对不同的犯罪人而言,犯罪行为的实施所需要准备的条件是不同的。但一般来说,犯罪行为的准备主要表现为四个方面。

(一) 准备犯罪工具

犯罪工具是指为实行犯罪而利用的各种物品,如杀人用的刀枪、毒药,伪造货币用的机器、纸张、颜料等。

所谓准备犯罪工具,是指制造、寻求犯罪工具,以使犯罪工具适合于犯罪的需要。准备犯罪工具是最常见的犯罪行为的准备,有一些犯罪行为如果缺少犯罪工具便无法实施,如伪造货币等。

(二) 学习犯罪技术

犯罪技术是犯罪人实施犯罪行为所需要的各种办法、措施和手段。犯罪技术在一定程度上决定着犯罪目标能否实现以及实现的程度。所以,犯罪人在实施犯罪行为以前总是想方设法提高犯罪技能、技巧或本领,以顺利实现其犯罪目的。

犯罪技术总是随着现代科学技术的发展而相应地提高,犯罪人的反侦查能力也在相应地增强。这是在寻求有效的犯罪防治对策中面临的几个棘手的问题。

(三) 收集犯罪情报

犯罪情报是指与犯罪行为的实施有关的各种信息,如被害人的行走路线、货物存放的地点、治安防范措施等。收集与掌握充分的犯罪情报,对于犯罪人顺利地实施犯罪行为至关重要。

(四) 制订犯罪计划

犯罪计划是指犯罪人在犯罪决意的支配下,对实施犯罪行为具体步骤的思考、策划和安排。犯罪计划的制订和犯罪人本身的状况以及犯罪人准备实施的犯罪行为的类型有一定的关系。例如,青少年犯罪人、财产型犯罪人、初次犯罪人一般都倾向于在实施犯罪行为时制订犯罪计划。

在形成犯罪决意以后,犯罪人也可能放弃犯罪行为的准备。主要有两种情况:一种情况是在犯罪决意形成之后,尚未进行任何犯罪行为的准备,就放弃了犯罪决意;另一种情况是犯罪行为的准备已经开始或者已经完成了一部分,但随后放弃了其余的犯罪行为。

促使犯罪人放弃犯罪行为准备的因素主要有主观和客观两个方面的因素。

1. 主观方面的因素

犯罪人在准备犯罪行为的过程中,主观上的失望、恐惧、悔悟等因素均可能导致其放弃犯罪行为的准备。

2. 客观方面的因素

促使犯罪人放弃犯罪行为的客观方面的因素主要有两种情况:一种情况是共同犯罪人之间产生分裂;另一种情况是实施犯罪的障碍难以排除。

三、犯罪行为的实施

犯罪行为的实施是指犯罪人的行为已经直接指向了犯罪行为所欲侵害的目标,已经使犯罪行为所欲侵害的被害人的生命或财产等权益受到了威胁。

如果犯罪行为的实施按照原计划进行,没有遇到任何阻碍,犯罪目的最终将得以实现。然而,犯罪人在实施犯罪行为的过程中经常会出现两种特殊情况。

(一)犯罪行为的实施遇到阻碍

1. 可能克服的阻碍

例如,甲欲进入某工厂的仓库行窃,因有值班人员值守,甲对值班人员实施了麻醉,使其处于昏迷状态后,实施盗窃行为。

2. 无法克服的阻碍

例如甲混入博物馆中准备盗窃珍贵文物,但馆内安有严密的监控设施与防盗装置,同时馆内工作人员警惕性也极强,在这种无法克服的阻碍下,甲只好放弃了犯罪行为的实施。

(二)犯罪行为实施过程中突发新的动机

这是指犯罪人在实施某一犯罪行为的过程中,他的其他欲望被现场中的某些事物所刺激,从而诱发其产生了新的犯罪动机。

第三节 犯罪人概述

一、犯罪人的概念

在犯罪学中,犯罪人是指实施了违法犯罪行为以及其他严重的社会越轨行为,应受法律和道德责罚的自然人和法人。

掌握犯罪人的概念时,应注意三个方面。

第一,犯罪人是外显的严重反社会行为的实施者。只有一个人真正实施了外显的严重的反社会行为,才称其为"犯罪人"。如果一个人的内心充满了反社会的情绪,但并未实施客观的严重的反社会行为,则不能称其为"犯罪人"。

第二,在犯罪学中,犯罪人既是具体的又是抽象的。说犯罪人是具体的,是指犯罪学中的犯罪人是一个个具有生理学、心理学、社会学特征的个体;说犯罪人是抽象的,是指犯罪人虽然在生理学、心理学、社会学特征上存在着个体差异,但从整体上而言犯罪人均有共同之处,即反社会性。

第三,在犯罪学中,对于犯罪人的研究始终是以自然人为主的。虽然犯罪人包括自然人和法人,犯罪学在研究犯罪人时也注意揭示自然人与法人的不同,但在具体从事研究时,还是以犯罪自然人为主的。犯罪学中的法人犯罪,是指法人为了获利而故意或过失实施的危害社会并应当受到处罚的行为。

如同犯罪学中的犯罪概念的外延广于刑法学中犯罪概念的外延一样,犯罪学中"犯罪人"概念的外延也广于刑法学中"犯罪人"的概念。犯罪学中的犯罪人不仅包括触犯了刑律应受到刑罚处罚的刑事法律意义上的犯罪人,而且包括一定范围内实施了违法或越轨行为应受法律和道德责罚的人;不仅包括具备了刑事责任能力和达到了刑事责任年龄的犯罪人,而且包括不具备刑事责任能力、未达刑事责任年龄的实施了违法行为或者越轨行为的未成年人、变态人格者或者精神病人;不仅包括已经过审判受到一定处罚的"已决犯",而且包括尚未受到追究的"未决犯"。

二、犯罪人的本质属性

在一般属性方面,犯罪人与非犯罪人并无本质区别。

作为生产力中最活跃的因素,人是具有双重属性的,一种是自然属性(也称为生物属性),另一种是社会属性。其中自然属性是人的一般属性,而社会属性则是人的本质属性。就自然属性(一般属性)而言,犯罪人与非犯罪人并无本质上的区别。

首先,应当承认,人类迄今仍然带有动物性即自然属性的一面。

其次,应当承认,人类不同于一般的动物。确切地说,人是一种社会动物、另一种文化动物,社会属性和文化属性才是人区别于一般动物的本质属性。之所以这样说,是基于这样两个基本事实:一是"跟任何其他物种相比,人类的生存更有赖于习得的行为模式。人类没有这样一种本能,即通过遗传而确定如何去具体行动的指令"。[1] 人降生以后是十分无能和软弱的,必须经过漫长的学习过程即社会化过程才能获得独立生存的能力。"我们创造了文化,文化反过来又造成了我们。"[2] 二是人类是一种喜欢群居的动物,人类生活于有秩序的社会之外是可以设想的,但从未发现人类处于非社会状态之中。上述情况说明,人固然有着某种生物遗传本能和冲动,如饥饿本能、性本能等,但就人的独特性来说,真正能够将人与其他动物区别开来并决定其行为方向的,是人的社会属性和文化属性。

最后,必须承认,人类是自然属性与社会属性的有机结合,而不是自然属性与社会属性(以及文化属性)的简单凑合。也就是说,在人的任何行为和活动中,都将同时包含着人的生物性因素和社会性因素这两种因素的共同作用,二者交融互渗,很难截然区分。

从原初意义上讲,人性是非善非恶的或者是善恶相融互渗的;从实践意义上讲,在人的后天发展中,人既可能发展成善的,也可能发展为恶的。

什么是人性或者人的本性?人性是善的还是恶的?这在几千年来的东西方思想史

---

〔1〕 孟还、卢汉龙、费涓洪译:《社会学基础:观点、方法、学说》,2 页,上海:上海社会科学院出版社,1986。

〔2〕 [美]伊恩·罗伯逊:《社会学》(上册),黄育馥译,69 页,北京:商务印书馆,1991。

上一直争论不休。对于"人性"的概念,有人理解为是人的"自然天性",即人的动物性;有人理解为是人所独有的并赖以区别于动物的社会性;[1]有人认为人性应该是感性与理性的互渗、自然性与社会性的融合;等等。此外,还有人把"人性"作为一个自明的概念来使用。总之,对于人性是善还是恶,见解众多,其说不一。有性恶论、性善论、性无善无恶论(中性论)、性有善有恶论以及人性中善恶交融互渗论,等等。

人性善恶之争与犯罪学存在着直接联系,因为在犯罪原因研究中人们最终总是要面对这样一个问题:犯罪行为是否出于人类的天性? 或者说,是否是人类恶的本性的表现? 再进一步说,倘若人性是指人的自然属性,而且假定犯罪是人性恶的表现,那么,是否意味着人的遗传本能以及人类共有的基本需要是恶的? 或者是否意味着人类存在本身就是恶的?

本书认为,人是自然属性和社会属性的统一或融合,人的自然属性包容了但不等同于人的本能和基本需要;从原初意义上讲,人性基本上是"中性的",它非善非恶或者善恶相融互渗;从实践意义上讲,人在后天既可能发展成善的,也可能发展成恶的,是善是恶,取决于其成长的条件和社会化过程;人的本能和基本需要也是"中性的",人的恶行包括犯罪行为不能归因于人的本能和需要;把犯罪问题与人性联系在一起并且将其归因于人性恶的做法,原本就是错误的和毫无实际意义的。

上述对于包括犯罪人在内的关于人的自然属性与社会属性之间关系的认识,其犯罪学意义在于给我们提供了如下启示:在犯罪行为的发生过程中,人的某些生理因素和某些本能以及类似于本能的基本需要,可能与人所处的社会文化环境以及人自身的个性心理因素一起发挥着作用,但是,从本质上看,人的本能以及类似于本能的某些基本需要、人的某些生理因素是"中性的",它们只能以社会文化因素以及人的个性心理因素为中介而发生作用,它们对于犯罪行为的影响仅仅在于人的肉体存在为人的行为以及心理的发生提供了物质基础,预设了发展潜力。在犯罪行为的发生中真正活跃并起直接作用的,是社会文化因素以及人的个性因素。不过,在这两种因素的背后,也都或隐或显地有着人类本能和基本需要的驱动。

具体而言,犯罪人也是人类群体中的一部分,犯罪人与非犯罪人在生物学意义上并无差异,犯罪人并非天生注定的或生物遗传所致,犯罪人的"犯罪心理结构"和"犯罪人格"并不是从出生时就形成了。

犯罪人除了具有人的一般属性之外,还具有不同于非犯罪人的特殊属性,这种特殊属性就是犯罪人通常都具有较强的反社会性。

犯罪人的反社会性,是指犯罪人的人格所呈现出与社会规范和价值准则相悖的品质或者倾向。犯罪人的反社会人格,是指以自我为中心,情感冷漠,残忍,没有道德感与罪恶感,报复欲望强烈,不达目的决不罢休。

---

〔1〕　按照马克思主义的观点,人的本质并不是单个人所固有的抽象物。在其现实性上,它是一切社会关系的总和。

犯罪人的反社会性在人格特征上主要表现为以下几种。

1. 具有错误的信念体系

这里的信念体系,是指人的世界观、人生观、价值观等系统的观念形态。

犯罪人错误的信念体系的主要表现为:极端个人主义;对社会现状抱有极端的否定或敌视态度;接受某种与社会主流文化相对立的亚文化。

2. 具有歪曲的需要结构或者需要的满足经常处于挫折状态

这里所谓"歪曲的需要结构"是指非正常的需要结构,因为正常的需要结构是每个生命个体生存和发展过程中的必然要求,而歪曲的需要结构是指超出了正常的需要结构之外的需要。

为了让大家更好地理解人正常的需要结构,我们先来了解一下马斯洛的五层次需要学说。

马斯洛的学说中认为人的动机是需要的一种表现。马斯洛认为人的需要主要可以分为以下五个层次。

第一层次:生理上的需要。如果这些需要(除性以外)任何一项得不到满足,人类个人的生理机能就无法正常运转。

第二层次:安全上的需要。马斯洛认为,整个有机体是一个追求安全的机制,人的感受器官、效应器官、智能和其他能量主要是寻求安全的工具,甚至可以把科学和人生观都看成是满足安全需要的一部分。

第三层次:社交的需要。人人都希望得到相互的关系和照顾。感情上的需要比生理上的需要来的细致,它和一个人的生理特性、经历、教育、宗教信仰都有关系。

第四层次:尊重的需要。人人都希望自己有稳定的社会地位,要求个人的能力和成就得到社会的承认。

第五层次:自我实现的需要:自我实现的需要是最高层次的需要,是指实现个人理想、抱负,发挥个人的能力到最大限度,达到自我实现境界的人。

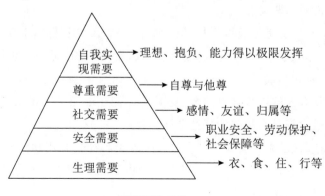

需要层次理论

马斯洛的五个需要层次理论

根据马斯洛的人的五个需要层次理论,我们可以了解到人的正常的需要结构,而歪曲的需要结构是指超出了以上五个层次需要的需要结构。例如,有的人在已经满足了基本的衣食、住、行的基本需要之余,仍然无度追求享乐,就会出现非正常的需要即歪曲的需要,这时极容易侵犯到其他人的合法权益。而一旦其歪曲的需要结构得不到满足甚至经常处于挫折状态,就可能诱发犯罪行为,例如性侵犯罪行为。

3. 自我意识发展欠缺

具体表现为过于自卑或者过于以自我为中心;良心、羞耻心、责任感、法律意识等内在的自我价值准则不成熟;缺乏应有的自我控制能力。由于自我意识发展欠缺,使他们陷入一种"自我迷失"的状态,既不清楚自己的社会定位,又难以对社会现象作出正确的评价,因而难以适应社会。

4. 具有不良的性格特征

这种不良的性格特征表现在诸多方面,如冷漠孤僻、虚伪狡诈、爱慕虚荣、意志力较差,等等。

5. 不良行为方式或生活方式的习癖化

例如沾染了吸毒、赌博等恶习。

三、我国犯罪学中的犯罪人分类

归纳起来,目前我国理论界对于犯罪学中的犯罪人主要作了这样一些类别上的划分。

(1)根据犯罪人的性别,可以分为男性犯罪人和女性犯罪人。

(2)根据犯罪人的年龄,可以分为未成年人犯罪人和成年人犯罪人。

(3)根据犯罪人的精神状态,可以分为正常的犯罪人和精神病犯罪人。

(4)根据犯罪的经历,可以分为初犯和累犯。

(5)根据犯罪的方式,可以分为暴力方式的犯罪人和智能方式的犯罪人。

除此之外,还有许多其他划分方法,在此不一一列举。

需要注意的是,刑法学对于犯罪人进行分类的目的是解决犯罪人的刑事责任。犯罪学中对于犯罪人的分类应以刑法的分类为参考,但又不是必须局限于刑法中对于犯罪人的分类。犯罪学中对于犯罪人的分类最终取决于本门学科的研究目的。

犯罪学中对于犯罪人的分类是为了分析犯罪原因,掌握不同犯罪的特点及演变规律,进而采取有针对性的预防和矫治措施。因此,凡是符合犯罪学学科的研究目的的犯罪人分类,即使刑法中没有的分类,犯罪学为了研究的必要,也可以作出科学、合理的类别划分。

第四节 犯罪被害人概述

犯罪行为都有其侵害的对象,而犯罪被害人就包含在犯罪对象之中,并对犯罪人和犯罪行为的实施产生重大影响。正是由于犯罪被害人概念的引入,犯罪学的研究焦点从加害人(犯罪人)身上逐步分散到受到犯罪侵害的被害人身上,使犯罪人、犯罪行为、犯罪被害人成为犯罪学研究的核心要素。

犯罪人与被害人是相互矛盾的两个对立面。被害人和犯罪人之间的矛盾关系构成了犯罪现象的进程。"无被害人即无犯罪"是犯罪学的一个基本命题。早在19世纪20年代,费尔巴哈就注意到了被害人与犯罪的关系,他在《著名犯罪记叙》一书中记载了这样一个案例:1817年8月9日,德国发生了一起杀父案件。这名父亲是一个家庭暴力者,他不仅虐待妻子儿女,还把妓女带回家中大肆挥霍钱财,长大了的儿女同情母亲的遭遇,便共谋花重金雇人将父亲杀害,妻子则以丈夫失踪报案。费尔巴哈评论道:尽管杀害父亲的行为是违法的,但父亲本身是犯罪的引起者。也即,针对被害人的杀人行为,是被害人自身的过错导致的。但早期的犯罪研究,在认识和理解犯罪动机及犯罪原因方面,主要致力于研究犯罪人而不是被害人。[1] 因此,研究犯罪被害人的目的,首先是从被害人与犯罪人之间的互动关系角度,研究他们遭受犯罪侵害的原因,克服只重点关注犯罪人方面的犯罪原因的认识局限,并从预防被害角度提出预防对策。其次,研究犯罪被害人的另一个重要原因,是涉及被害人权益的保障问题。被害人作为犯罪恶果的直接承受者,需要在物质、精神等方面获得帮助与补偿,帮助其摆脱遭受犯罪侵害的阴影,回归正常生活,防止被害人因社会的忽视而在身心伤害得不到有效恢复的情况下遭受二次伤害,甚至对社会、法律彻底失望,进而走上"自我救赎"的报复之路,从原来的被害人变成加害人。

20世纪60年代以前,社会公众和学术研究中对犯罪被害人关注得很少,但自20世纪70年代开始,被害人学逐渐成为犯罪学中一个公认的研究领域,并受到国际社会的重视。

一般而言,有犯罪人就有被害人。由于被害人对社会没有积极的危害性,因此,在早期的犯罪学研究中被忽视了。到了20世纪中叶,被害人学逐渐形成了一门新学科,它所关注的是现代社会中每个人都有可能面临的犯罪侵害。因此,这一学科一诞生,就引起了国际社会广泛的兴趣和重视,吸引了众多的法律学者。

被害人学的研究与发展有重要的理论和实践意义。

被害人学的研究与发展,可以对刑事立法和刑事司法中某些行为的认定、刑事被害人的损害赔偿等提出有参考价值的指导。

---

〔1〕 参见张远煌:《国际犯罪被害人调查理论与实践》,2页,北京:法律出版社,2015。

研究犯罪人与被害人之间的互动关系及其变化,了解被害人被接近、诱导和攻击的原因及过程,分析被害人的心理状态,探寻受害的主要原因及被害人的个性特征、所处的条件和危险环境,有助于提醒人们克服和控制容易受害的因素,化解或消除被害的条件,及时发现和摆脱被害的危险环境,增强自身防范意识。

一、犯罪被害人的概念与特征

(一) 概念

"被害人"一词,源于拉丁文的"victim"一词,原指在宗教祭祀中为满足神或者某一自然力量的需要而被杀死的动物或人。犯罪学上的被害人最简明的定义,就是因犯罪而受害的人。对此,学术界有三种观点:一是最狭义的被害人,仅指遭受犯罪行为侵害的自然人;二是狭义的被害人,指遭受犯罪行为侵犯的自然人和单位;三是广义的被害人,不仅包括受到犯罪行为侵犯的自然人和法人等在内的具体的被害人,还包括受到直接损害和侵犯的人,直接受害者的直系亲属或某领养人,出面干预侵害而遭难的被害人,为防止受害不幸被侵害的人以及整个国家和社会在内的抽象被害人。[1]

本书认为,犯罪被害人作为犯罪侵害的承受者,应当被限定为"人",正如联合国《为罪行和滥用权力行为受害者取得公理的基本原则宣言》规定的犯罪被害人的定义:犯罪被害人,是指个人或整体受到伤害(包括身心损伤、感情痛苦、经济损失或基本权利的重大损害)的人,这种伤害是由触犯会员国现行刑事法律,包括那些禁止非法滥用权利的法律的作为或不作为造成的。从这一定义可看出,犯罪被害人是指受到犯罪伤害的个人或整体,在具体犯罪中,犯罪被害人应是具体的而不是抽象的,是"人"而不是物或某项制度、规范等。自然人当然可以是犯罪被害人,同时,社会组织(单位)也可以是犯罪被害人。其中,自然人被害人是犯罪学研究的重点,但对社会组织(单位)被害人的研究也日益得到重视。

究竟应如何界定被害人,学者们有不同的观点,但总体上可以归为两种情况。

1. 广义的被害人

这种观点认为被害人除了包括犯罪被害人之外,还应当包括其他各种不良社会现象和自然灾害现象的被害者,既包括人,也包括物和事。

2. 狭义的被害人

这种观点认为被害人应指犯罪被害人,也即指刑事犯罪被害人。

目前理论界大多采用狭义被害人的观点,具体表述为:被害人是指由于受犯罪行为侵害因而遭受一定程度损害的自然人、法人。

把握狭义被害人的定义时,要从四个方面来理解。

第一,定义中的"受犯罪行为侵害"的被害人,仅指刑法中的"犯罪行为"下的被害人,

---

〔1〕 参见赵翔、刘贵萍主编:《犯罪学原理》,355~356 页,北京:中国言实出版社,2009。

又称为刑事被害人,这种被害人是将"其他违法行为、不道德行为等情形下的被害人"排除在外的。

第二,被害人必须"遭到一定程度的损害"。这里的"损害"既包括有形的物质性损害,如人身、财产等方面的损害,也包括无形而抽象的非物质性损害,如对某种特定合法权益、精神、社会管理秩序等方面的损害。

由于被害人被狭义地界定为"刑事犯罪中的被害人",因此这个定义中的损害的"一定程度",并不是一概以"现实损害"为标准进行衡量的,具体应根据不同的罪种来区别对待。例如,有的应以确已实际遭受到了"现实损害"为其被害标准,如结果犯、结果加重犯等情形下的被害;有的则只需要处于某种具有被害现实可能或者实际威胁的特定危险状态下便可以构成被害,如行为犯、危险状态犯等情形下的被害等。

第三,被害人既包括自然人,也包括法人。

第四,被害人是危害结果的直接承受者本人。

(二) 特征

犯罪被害人的特征,是指被害人所独有的状况和反映其特定身份和特定被害状态的基本特点、特征或属性。揭示被害人的特征,可以从被害人视角分析犯罪发生的原因、过程,从防止被害的角度,有效预防犯罪的发生。一般而言,犯罪被害人具有以下特征。

1. 被害性

被害性是指被害人由于自身存在某些易受侵害的致害因素,从而使自己遭受被害的特性。具体表现在四个方面。

(1)被害的倾向性。

被害的倾向性即被害人自身存在的容易遭受犯罪行为侵害的生理、心理特征。例如,有贪利、好炫耀等心理特征的人,就容易成为有犯罪动机者选择的对象;生理特征则如女性、年老、年幼等,此类人群因其反抗能力弱或辨别能力低,使犯罪容易得手,其容易成为犯罪的对象。例如,根据《社会蓝皮书:2018 年中国社会形势分析与预测》调查显示,老年人在网络安全方面防范能力相对薄弱,在老人遭遇的互联网骗局中,中等收入、有经济自主性的老年人受骗比例更高。老年人表示,在互联网曾有过上当受骗或者疑似上当受骗经历的比例高达 67.3%。[1]

(2)被害的易感性。

被害的易感性,是指被害人具有容易受到他人感染、控制或被伤害的特征,这些特征使其容易进入犯罪人的圈套或受犯罪人诱导而受害。如日本学者宫泽一认为,被害人的易感性是被害人对被害状态无意识的顺应性,反映了被害人容易接受加害人的诱导和容

---

〔1〕 参见李培林:《社会蓝皮书:2018 年中国社会形势分析与预测》,北京:社会科学文献出版社,2017。

易成为加害人选择的侵害对象的特点,如过于轻信别人、过分善良等。[1] 对于被害易感性的研究有利于社会公众增强自我防范与保护,避免被害。

(3)被害的受容性。

被害的受容性,是指被害人对自身的"被害人角色"潜意识地予以认同、容忍,或者放任其被害隐患而不加控制的特性。被害的受容性又可以细分为五种类型。

①预先认同型,是指被害人在被害前,就对自身的被害人角色预先加以认同、自我内化,被害后又对既成被害事实持认同或容忍态度的类型。最典型的是一些家庭暴力的长期容忍者,尤其是农村女性,在被施以家庭暴力之前,头脑中就有"逆来顺受,女子是弱者,听天由命"等预先的认同与自我内化,当家庭暴力发生时,也一再容忍。

②长期容忍型,是指某些长期遭受重复被害的"习惯性被害人"对自己长时间的被害予以容忍的类型。例如,某些商业区的业主们长期容忍一些黑社会势力的欺压、索要钱财等行为。

③处境容忍型,是指某些被害人在地位低下、处境恶劣的情况下对被害被迫容忍的类型。

【典型教学案例】

沈阳刘涌案

刘涌,男,1960年生人。1995年创办民营企业嘉阳集团,从事服装、餐饮、娱乐、房地产等生意。嘉阳集团下属公司26家,员工2500人,资产7亿元。自1995年以来,刘涌以嘉阳集团为依托,采取暴力、威胁等手段聚敛钱财,称霸一方,以商养黑。

1995年年末,以刘涌为首的黑社会性质组织初步形成,直至2000年7月初被沈阳警方抓获归案。在4年半的时间里,这一组织共计作案47起,致死致伤42人,其中1人死亡,16人重伤,这一犯罪团伙涉嫌组织、领导、参加黑社会性质组织罪等14项罪名,这起案件无论是在辽宁省还是在全国,均属罕见。

1999年5月,沈阳中街大药房被刘涌一伙打砸(因为中街大药房负责人不同意刘涌提出的强制拆迁计划),值班经理被打成重伤。当地晚报对此事进行了报道。刘涌看到报道后恼羞成怒,中街大药房老板惧怕刘涌报复,找人与其说和,并且被迫同意按刘涌的意思在该晚报上刊登"情况说明",承认前文报道有误。这一伤害案件最终以私了告终,中街大药房也被迫无条件拆迁。

有一位被害人是歌手,当年只因为刘涌的女朋友在其演出后送了一束花,于是引起了刘涌的嫉妒,该歌手被打成重伤,导致脾破裂摘除、腰椎受伤。这位歌手的妻子也因此而离他而去,使他在身体上、精神上受到了极大的摧残和折磨。10多年来,这位歌手背井离乡,与亲人、朋友都失去了联系。专案组为了找到这位被害人,费了许多周折。当专案

---

[1] 参见孙斌:《被害预防案例分析》,4页,武汉:华中科技大学出版社,2016。

组要求这位歌手出具证明材料，回沈阳进行伤害鉴定时，他却担心日后再遭刘涌报复，无论如何也不肯回沈阳。专案组在百般动员无效的情况下，只好调来法医，带上鉴定器材，赶到其居住的丹东市进行取证并作伤害程度鉴定。

还有一位被害人，当年仅因为在和平区交警二大队办理驾照，没有按照要求立刻赶到刘涌处，就被刘涌带着一帮打手在和平交警二大队的院子里进行疯狂的殴打，后被砍伤。事后这位被害人躲避到了大连，专案组多次与其联系，要求他回来作证并作伤害鉴定，但都遭到了拒绝。

诸如此类，记录刘涌黑社会性质组织的 47 起犯罪事实的案卷摞起来足有两米多高……

上述这一桩桩血案中的被害人就属于"处境恶劣的情形下的被迫容忍的被害人"类型。

④性格隐患不加控制型，是指某些被害人在自身的性格方面具有易遭侵害的隐患，却不加控制、予以放任，从而导致被害的类型。例如，冬天下雪路滑，驾车行驶本就危险，而乘客又性格急躁，非常不理解司机，一路上不断埋怨。最后司乘二人言语不合，先是争吵，后司机被激怒，便用螺丝刀将乘客扎成重伤。

⑤状态隐患不加控制型，是指被害人的人身、财产或特定权益等处于某种易遭侵害的环境、状态之中，被害人对此被害隐患却加以放任、不加控制，从而遭受侵害的类型。例如，被害人将钱包拿在手中，或者将手机悬挂在胸前，就更容易遭遇抢劫。

（4）被害的诱发性，是指由某些被害人的致害因素而诱发其被侵害的特性。例如，在车站等人流量大的地方，不注意看管贵重物品，可能诱发财产犯罪，等等。

2. 互动性

所谓互动性，即在犯罪发生前与发生过程中，被害人与犯罪人相互作用，被害人促进了犯罪。

第六章 犯罪原因

社会上为什么存在犯罪现象？一个人为什么实施犯罪行为？对于犯罪产生原因的探寻，一直是人们普遍关注的课题。正是人们对于这一问题的研究与探索，推动了犯罪学的产生和不断发展。

可以说，在整个犯罪学理论的体系中，犯罪原因的理论是居于核心地位的，是犯罪学研究的中心课题。犯罪原因的相应理论研究成果对于正确地认识犯罪、揭示犯罪、预防和减少犯罪都具有极其重要的意义。

第一节 犯罪原因概述

一、犯罪原因概述

（一）犯罪原因的概念

犯罪原因是指各种犯罪因素按其作用层次、力度及作用机制所构成的能够引起犯罪现象的存在、变化以及犯罪行为发生的罪因系统。

对于犯罪原因这一概念的把握，需要注意以下两点。

（1）引起犯罪产生的原因不是单一的，而是多方面的。

在古代社会，学者们对于犯罪的认识，多强调某种单一原因的主导作用，如认为犯罪人的个性特征、生物特点，个体的贫富、人性的善恶等是导致犯罪的原因。随着现代自然科学、社会科学的高度发展，学者对社会和犯罪人自身的认识逐渐深化，认识到引起犯罪的原因不是单一的，而是多方面的因素综合作用的结果。

（2）引起犯罪产生的各种因素之间的关系是多层次的体系关系，后文会有详细论述。

（二）犯罪原因的特点

1. 综合性

综合性是指犯罪现象是一种社会矛盾的综合病症，产生犯罪的原因是多元、多层次的系统。具体来说，这个系统中，既包括政治、经济、思想、文化、法制等社会因素，又包括犯罪人的生理、心理等方面的个人因素；既有主观方面的因素，又有客观方面的因素；既有直接的因素，又有间接的因素。

2. 复杂性

复杂性是指在犯罪原因的系统中,各种犯罪因素及其作用机制是错综复杂的。某些犯罪因素不仅可以产生一种结果,也可以产生多种结果;某些犯罪因素的存在,可能造成犯罪结果的发生,也可能由于另一些抑制因素的出现而不发生犯罪结果。

3. 层次性

层次性是指犯罪原因系统中的各种因素不是彼此并列的关系,而是有层次区别的。各种犯罪因素在犯罪原因系统中所处的地位及其对犯罪的作用力各不相同。

二、研究犯罪原因的重要意义

(一)研究犯罪原因是做好犯罪预防工作的基础

犯罪预防是与犯罪做斗争的重要措施。做好犯罪预防工作,首先要掌握犯罪规律,而掌握犯罪规律就要揭示犯罪原因。

(二)研究犯罪原因是做好犯罪治理工作的基础

犯罪治理,特别是对罪犯的教育与改造是犯罪学领域关注的核心问题。很多犯罪治理工作,正是因为忽略了罪犯的主观因素,使矫正和改造罪犯的效果不理想。只有准确了解罪犯的主观因素,不断开展有针对性的各项教育和改造工作,才能逐步转变其思想,矫正其恶习。

近年来,我国的分类改造工作,根据不同类型罪犯的不同犯罪原因和特点,采取有针对性的教育和改造手段,目前已经取得了可喜的效果。

(三)准确研究犯罪原因,能够促进犯罪学学科的发展

犯罪学是以犯罪原因为核心的科学,犯罪原因研究的准确与否,与犯罪学的发展具有密切关系。

从犯罪学的发展史看,凡是对犯罪原因的研究出现片面或错误时,犯罪学理论也大多是片面或错误的。例如,许多资产阶级的犯罪学家在犯罪原因上未能触及资本主义社会犯罪的基本原因——私有制和资本主义剥削制度以及犯罪的根源,以至于不能对犯罪原因作本质的把握,也就不能提出行之有效的犯罪预防对策。从这个意义上说,准确研究犯罪原因是犯罪学学科健康发展的重要保证。

二、犯罪原因论的两种认识途径

(一)犯罪原因和犯罪原因论

在以往的犯罪学研究中,很少有人对犯罪原因与犯罪原因论的概念进行探讨。事实上,犯罪原因与犯罪原因论是两个既互相联系,又有明显区别的概念,有必要将两者加以

区分。

1. 二者的区别

犯罪原因与犯罪原因论的区别主要体现在以下两个方面。

(1)二者的属性不同。

犯罪原因是引起犯罪结果的诸多客观事物,其属于物质的范畴。在特定的历史阶段,犯罪原因的存在是必然的,不管人们承认与否,认识如何,它们都是客观存在的。而且,在不同的历史条件下,犯罪原因呈现怎样的发展变化,也不以人们的意志为转移。例如,随着高科技手段的产生,就必然出现与高科技相关的犯罪原因。

犯罪原因论则是人们对犯罪原因研究的结果,是主观对客观的反映,属于意识范畴,离开了客观存在的种种致使犯罪发生的因素,犯罪原因论也就成了无源之水、无本之木。

(2)二者受主、客观条件制约的程度不同。

犯罪原因和犯罪原因论都受社会物质生活条件的制约,又同样可以为人们所认识,但二者受主、客观条件限制的程度不同。相比较而言,犯罪原因论受主、客观条件的影响更大、更明显。犯罪原因论经历了从简单到复杂、从肤浅到深刻的发展过程:最初人们仅从一个方面去解释犯罪原因,认为某种具体犯罪是由某些特定因素决定的。随着生产力水平的提高和社会的发展,人们的认识水平也不断发展,对于犯罪的认识也有所加深,进而促使人们同时从不同侧面把握、认识犯罪原因的多因素理论的形成。

2. 二者的联系

尽管犯罪原因和犯罪原因论存在上述区别,同时,二者之间也存在密不可分的联系。

犯罪原因是犯罪原因论的研究对象,是犯罪原因论的基础和前提;同时,对犯罪原因的认识和分析也离不开对犯罪原因论的理论说明。犯罪是一种极其复杂的社会现象,而就导致犯罪产生的原因而言,则更复杂。只有借助于犯罪原因论,建立起合理的犯罪原因论的理论体系,才能将众多的、杂乱的、作用力各异的犯罪原因纳入有机的体系中,也才能够对诸多导致犯罪的因素进行科学、深入、全面的解释,并为犯罪预防提供指导。

(二)犯罪原因论的两种认识途径

在犯罪学的发展过程中,各派学者从不同的角度,采用不同的方法对犯罪原因进行了不懈的探索和研究。如果将这些研究加以归纳,基本上可以划分为两类:一类是因素理论;另一类是系统论的犯罪原因论。

1. 因素理论

因素理论,又称为"引起犯罪的因素理论",其主要侧重于对引起犯罪产生的直接原因和条件的研究,探讨引起犯罪的因素与犯罪产生之间的关系。

因素理论主要分为两种。

①单因素理论,是指只从一个方面去解释犯罪产生原因的理论。

最早期的犯罪学理论在研究犯罪原因时,多认为犯罪只有一种原因。如龙勃罗梭的"天生犯罪人论",认为犯罪就是人的遗传这一身体方面的原因造成的。

直到20世纪初,这种单因素理论一直在犯罪学研究中占据主导地位。在此期间,虽然也有一些犯罪学家注意到了生物学因素、心理学因素以及各种社会因素对犯罪均有影响,但是这些犯罪学家仍然试图从在他们看来占主导地位的一种原因出发,来解释犯罪原因。因此,从本质上说,这仍然是一种一元论的观点。

事实上,无论是个体犯罪现象还是群体犯罪现象,都不存在唯一一个决定性的原因。随着学者们对犯罪问题研究水平的提高,大家逐渐地认识到了单因素理论具有很大的片面性,无法对犯罪现象作出科学的解释。

②多因素理论,是同时从多个方面去探求犯罪产生原因的理论。这种理论认为,犯罪行为不能只从一个方面加以解释,而是受大量的相互联系着的因素共同影响而产生的。

多因素理论最早是作为单因素理论的对立面出现的。这种多因素理论在当代犯罪学中占有很重要的地位,影响很大,在一定的程度上也影响着我国犯罪学的研究。

应该说,多因素理论对于犯罪原因的认识有积极的意义。它在很大程度上抑制了单因素理论的发展,并在批评单因素理论的同时,在犯罪行为的复杂性和反社会性方面扩大了研究范围。但是,多因素理论没有对各种因素影响犯罪行为的性质和程度进行区别,没有对本质的和非本质的、必然的和偶然的、直接的和间接的因素进行区别,有其不科学的一面。

2. 系统论的犯罪原因论

该理论从系统论的认识出发,认为犯罪是一种复杂的社会现象,犯罪的产生是一个复杂的过程,是各种社会现象纵横交错、互相综合作用的结果。

系统论的犯罪原因论认为,在犯罪原因的系统结构中,依次包括犯罪根源、犯罪基本原因、犯罪的直接原因和犯罪的条件、犯罪人的犯罪个性。

①犯罪根源,是指引起犯罪产生的最深层的终极原因,具体地说就是一定社会的生产方式自身的矛盾。虽然犯罪根源距离犯罪行为的产生较远,但是,它却在社会整体上最终制约着犯罪的产生和变化。犯罪根源一般不直接产生犯罪,而是在深层次上决定和影响着犯罪的基本原因和直接原因。

②犯罪基本原因,是指与社会生产关系、上层建筑等方面有直接关系的影响犯罪产生的原因。例如社会政治、经济制度以及与此相关的其他方面的社会现象。

③犯罪的直接原因和犯罪条件。犯罪的直接原因,是指与人们生活有直接关系的政治、经济、文化、思想道德等社会环境方面的影响犯罪产生的原因。与犯罪的基本原因相比,犯罪的直接原因是犯罪产生的更近层次的原因。犯罪条件是指使犯罪产生成为可能的环境和影响等各种因素。

④犯罪人的犯罪个性,是指与犯罪行为有联系的犯罪人的心理特征。

在系统论的犯罪原因论中,最具有特色的就是关于犯罪根源的探讨。犯罪根源是指犯罪的终极原因,是系统论的犯罪原因中最深层的犯罪原因,它处在犯罪因果链条的最终端,在总体上制约着犯罪的产生、变化和消亡。

第二节　犯罪根源

犯罪根源是犯罪的本源,是犯罪学的基本问题之一,它从整体上决定着犯罪的产生、变化和消亡。只有准确地找到犯罪根源,才能建立起完整科学的犯罪原因论和犯罪学理论体系,真正认清犯罪的本质,科学地说明犯罪的产生,并据此制定正确的刑事政策。

在犯罪行为产生的背后是一个因果链条,是一个有层次的系统结构原因,在这个系统的、有层次的犯罪原因体系中,犯罪根源是最深层的犯罪原因,是犯罪的"终极原因",处于犯罪因果链条的终端。虽然犯罪根源距离犯罪行为的产生最远,但是它却在社会整体上制约着犯罪的产生、变化和消亡。

自古以来人们就在寻找犯罪根源。因而,在犯罪学中产生了犯罪人类学派、生物学派、心理学派和社会学派等许多学派。但是,这些学派从来都没有科学地说明犯罪根源问题。

一、犯罪根源的概念

犯罪根源是指引起犯罪产生的终极原因,也可以理解为现实社会的生产方式的自身矛盾。

如何理解犯罪根源是现实社会的生产方式的自身矛盾呢?

社会生产方式这个概念从内涵上来说是人类谋取物质资料的方式;从外延上说是生产力和生产关系的统一。

生产力是指在物质生产活动中形成的人类改造自然的实际程度和能力,反映的是人与自然的关系;生产关系是指在物质生产过程中形成的人与人之间的物质利益关系。

人们总是在一定的生产关系下从事生产活动的,而生产关系总是在生产活动中不断变动着的,并且随着生产力的变革而变革。因此,生产力与生产关系二者之间是有机结合与统一的,它们共同构成社会生产方式。

犯罪,无论是作为群体犯罪现象,还是作为个体犯罪现象,其根源都是生产方式的自身矛盾,与社会发展的一定历史阶段、一定的生产力相联系。

从表面上看,犯罪似乎是与其他社会现象没有联系的纯粹的个人行为。某人之所以犯罪,似乎是来源于其主观上的犯罪动机和目的,来源于其犯罪的心理特征。在这种理论看来,犯罪人与非犯罪人的行为区别来源于他们主观因素上的不同。很多犯罪学者就是这样看待犯罪问题的,他们采用唯心论和形而上学的方法论,习惯于以意识解释人的行为,因而必然得出犯罪根源于犯罪人的主观因素的唯心主义的结论。按照科学的唯物史观来看,犯罪根源、犯罪的基本原因、犯罪的直接原因以及影响犯罪产生的其他因素,就像其他社会历史现象一样,都根源于阶级社会的物质生活条件,即犯罪根源是一定社会的生产方式的自身矛盾。

二、犯罪根源的特征

(一) 犯罪根源的终极性

犯罪根源是犯罪行为背后的原因。引起犯罪产生的原因是个序列,犯罪根源处于原因序列的最末端。这表明犯罪原因具有层次性,犯罪根源处于最深层,是引起犯罪的终极原因。

(二) 犯罪根源的间接性

犯罪根源从总的方面决定着社会上犯罪现象的产生和变化,它并不会直接地引起犯罪的产生,而总是通过犯罪的基本原因、犯罪的直接原因,直至犯罪人主观上的一些因素等起作用,进而影响犯罪的产生。

我们在指出一定生产方式的自身矛盾是犯罪根源时,实质上是一种理论上的抽象和划分。在犯罪实际产生的过程中,如果离开了犯罪根源与犯罪之间的中间环节上的基本原因、直接原因,直接来说明犯罪根源与犯罪的联系,在理论上就无法自洽。所以说,犯罪根源与犯罪产生之间的关系是间接的。

(三) 犯罪根源的现实性

马克思主义认为,犯罪根源于现实社会的物质生活条件。一定历史阶段的社会生产方式的矛盾是犯罪的根源。

这里需要注意的是,无阶级的原始社会和共产主义社会的生产方式,不产生阶级、国家、法,也不产生犯罪的基本原因、犯罪的直接原因,也就不产生阶级法律意义上的犯罪,因此,原始社会和共产主义社会的生产方式的自身矛盾不是现实意义上的犯罪根源。

如何理解阶级法律意义上的犯罪?以杀人为例,杀人这一社会现象在私有制出现以前,同样存在,如氏族间为抢夺猎物而进行厮杀,氏族社会对杀人行为的制裁形式是血亲复仇。当社会发展到私有制社会时,才由国家制定的法律规定了杀人罪。

犯罪根源的现实性还表现在犯罪没有历史继承性,今天的犯罪不是由昨天的犯罪历史遗传下来的。例如,随着现代社会生产力(特别是科技)的发展,带来了古代社会中不存在的新型犯罪,如计算机犯罪和洗钱犯罪。

三、不同社会的犯罪根源

（一）剥削阶级社会的犯罪根源

一定社会的生产方式是由一定水平的生产力以及由生产力所决定的社会生产关系决定的。社会生产方式决定着社会的结构、性质和面貌，有什么样的生产方式，就有什么样的社会结构。

剥削阶级社会和社会主义社会的生产方式不同，其犯罪的根源也不同。以生产方式中的生产关系为例，剥削阶级社会是以生产资料私有制为基础的生产关系，是社会成员之间在根本利益冲突的基础上结成的以人剥削人为特征的不平等关系，社会的基本矛盾是对抗性的。

从深层意义上说，犯罪是阶级冲突的集中表现，例如资本主义社会生产资料的资本家私人占有制，是资本主义生产关系的基础。资本主义生产方式从它诞生那天起，就存在着生产的社会化和生产资料的资本家私人占有这一基本矛盾，从而导致一系列不可逆转的社会矛盾，使犯罪大量增加。当代发达资本主义国家，生产力水平较高，但是其犯罪率也越来越高，这正是其生产方式自身矛盾尖锐化的突出表现。

（二）社会主义社会的犯罪根源

社会主义社会是以生产资料公有制为基础的生产关系，是社会成员之间在根本利益一致基础上结成的平等、互助合作的关系，社会的基本矛盾是非对抗性的。

社会主义社会的生产方式仍然存在一些矛盾，尤其是在社会主义初级阶段，社会生产力发展水平还不够高，由此决定的社会生产关系，以及建立在生产关系上的上层建筑，必然会有许多不适合生产力发展的情况，要在改革和发展中逐渐克服。

社会主义社会整体的犯罪根源不是阶级冲突的表现，更多的是在人们利益一致基础上的生产方式自身的一些非对抗性矛盾冲突的表现。例如因社会财富分配不公而引发的犯罪等。

四、影响犯罪的主要因素

影响犯罪的主要因素包括政治、经济、文化、教育、思想道德、法制、人口等。这些社会因素相互联系、相互作用，构成犯罪原因的次级系统。在这个次级系统中，各种因素的作用和地位是有差别的，并且随着时间的推移而不断变化。例如，在经济转轨时期，引起犯罪发生的各种社会因素中，经济因素对犯罪的影响相对突出，导致经济犯罪或财产犯罪大量增加。

（一）影响犯罪的经济因素

影响犯罪的经济因素，是指存在于经济制度和社会生产与再生产活动中的致罪因素。

经济分析的方法是马克思主义分析社会问题的基本方法。这里所说的经济因素,按照其基本思想来理解,实质上是指一定社会物质生活条件的生产方式。

在这种复杂、多元的经济结构中,各种经济主体之间的经济利益不同,如果国家的宏观调控不及时到位,那么,各种经济利益之间的矛盾与冲突就得不到有效的解决,会引发一些违法犯罪行为。

伴随着新的经济体制的出现,我国确立了以公有制经济为主体、多种经济为补充的经济结构。国民经济的分配方式也由原来的按劳分配方式转变为以按劳分配为主、按资分配和个体经济收入为补充的多种分配方式。

多种分配方式并存,从总体上看,有利于效率优先的发展战略,有利于一部分人先富起来。但是,这种新的分配方式在一定程度上也带来了分配上的不公,出现贫富分化,致使个别贫穷者的心理失衡,可能会透发一些犯罪现象,这需要通过各种方式的社会治理手段予以综合应对。

(二)影响犯罪的文化因素

文化冲突作为一种社会现象,是在较深层次上对犯罪产生影响的,也就是说,文化冲突一般不会直接导致某一具体犯罪,而往往通过犯罪的直接原因、条件和犯罪人而起作用。

从文化冲突中寻找犯罪产生的基本原因,应该从广义的文化入手。文化冲突实际上就是在不同性质、不同模式的文化相互接触、相互融合的过程中所产生的矛盾和对抗。

所谓传统文化,即由历史沿革而来的文化。一个民族的文化,主要反映三种基本关系,即人与自然、人与社会、人与人的关系。人们通过对这三种关系的认识和处理,产生了自己的哲学、宗教、科学、伦理,并形成了自己的文学、艺术、建筑等文化。不同民族对这三种关系的认识和处理不同,其文化所显示的民族特性也不同。

不同的文化背景,会影响社会个体在具体的事务中的行为方式,这对犯罪数量、犯罪方式都有不同程度的影响。

(三)影响犯罪的教育因素

教育,是培养新生一代准备进入社会角色的整个过程。教育理念是教育的指导思想,是整个教育活动的核心。科学的教育理念和适当的教育方式对于预防、减少犯罪,尤其是青少年犯罪具有重要意义。

第七章　犯罪预防

第一节　犯罪预防概述

犯罪预防是犯罪学研究的归宿和目标。可以说,对于犯罪现象的描述,对于犯罪的原因的分析,最终都是为犯罪预防提供指导。在一定意义上,犯罪学是为了有效遏制犯罪和预防犯罪而存在的,离开了犯罪预防,整个犯罪学就失去了其存在的价值。正因为如此,有的犯罪学家也将犯罪预防称为犯罪学"皇冠上的明珠"。

我国古代的思想家为我们留下了具有启发性的思想。例如,《周易》中提出了"居安思危""思患而预防之"的思想。也即一方面要注意后患,做好防止意外战乱的准备;另一方面要明察刑罚、修正法律,做到刑罚清而民服;甚至提出了"议狱缓死"(即认真研究监狱工作,可以实行缓刑制度)的主张。可见,《周易》对于预防犯罪以及犯罪与刑罚等问题已经有了相当深刻的见地。

再如,先秦诸子百家的集大成者韩非主张:"故治民者禁奸于未萌",即把犯罪消灭在萌芽状态;西汉思想家贾谊在《治安策》中主张:"绝恶于萌",也是强调将犯罪消灭在萌芽状态。从历史上对于犯罪预防的思想中,我们看到了先哲们的思想火花。

16 世纪末,随着欧洲文艺复兴运动的兴起,犯罪学在西方兴起。随着 19 世纪 70 年代,犯罪学作为一门学科的正式诞生,关于犯罪预防的理论体系也逐步完善。

所谓犯罪预防,是指国家和社会为消除或者减少犯罪产生的一切原因和条件,防止、阻遏犯罪行为的发生,减少乃至根治犯罪现象,对全体社会公民所采取的一系列防治措施体系及其控制过程。

我国犯罪预防体系主要是由社会预防、心理预防、治安预防、刑罚预防和刑事被害预防组成的有机系统。

第二节　犯罪的社会预防

一、犯罪的社会预防的概念

犯罪的社会预防是指通过社会各界的共同参与,消除或者削弱引起犯罪的因素,从而防止、控制和减少犯罪的社会活动。

对于这一概念,主要从两个方面来理解和把握。

第一,社会预防的参与者的范围广泛,不但包括各级国家机关,也包括家庭、学校等社会主体。

其中,各级国家机关是社会预防的组织者和领导者,主要负责各项防治犯罪的方针、政策的贯彻和各部门工作的协调。

基层组织植根于群众之中,可以及时发现各种容易引发犯罪的实际问题及个体的不良心理因素与犯罪苗头,从而及时予以引导、帮助,疏缓矛盾和减弱诱发犯罪的消极因素,把犯罪消灭在萌芽状态之中。

家庭和学校是影响个体身心健康发展的重要社会环境。因此,家庭和学校应当重视对青少年的思想品德教育,使青少年在人生观萌芽时期懂得做人的基本道理,遵纪守法,从而筑起预防犯罪的第一道防线。

第二,社会预防的范围,可以从宏观和微观两个方面来理解。

从宏观上而言,社会预防包括大力发展生产力和社会主义市场经济、社会主义文化,并积极采取措施,努力消除各种消极影响,强化文化市场的管理和新闻舆论的导向作用,创造优良的大的社会环境。

从微观上来说,社会预防的具体措施包括针对特定个体所采取的个别性预防措施,注意教育,防止其泥足深陷,走上犯罪的道路。

二、社会预防的层次划分

(一)从方法上进行分类,社会预防具体可以分为保护性的社会预防、指导性的社会预防等

1. 保护性的社会预防

保护性的社会预防是指发动社会上一切有能力预防和控制犯罪的力量,在全社会的范围内消除和减弱引起犯罪的因素。

例如,不断提高人们的物质生活水平,加强社会保障制度的建设,关爱社会弱势群体,减少、消除各种社会矛盾,利用舆论传播工具广泛、持久地进行思想道德教育和法制教育,提高人们的道德水平和守法意识等。

保护性的社会预防是通过发展经济、消除社会制度中存在的弊端,从而不断净化社会环境,为公民的生活、工作、学习、娱乐创造良好的条件,努力实现"少有所学、壮有所为、老有所养"的理想目标,从根本上减少犯罪产生的原因和条件。

2. 指导性的社会预防

指导性的社会预防是指及时发现社会环境中容易引发犯罪的因素和个体心理向不良方向转化的苗头,给个体以适时的帮助。

例如,可以结合具体情况设立"少年辅导中心"等指导性的机构,及时祛除青少年犯

罪的隐患,起到社会预防的作用,或者建立一些民间的公益机构,为有需求的社会公众提供及时的心理疏导。

【典型教学案例】

北京的"爱心导航志愿者协会",是由法学、心理学、教育学等社会工作者共同组建的民间社会公益机构。

其服务所面向的对象主要包括四类人:

一是有犯罪动机和犯罪心理倾向的人;

二是监管所内的在押人员;

三是回归社会后的新生者(刑满释放或解除劳动教养人员);

四是社会上的其他弱势群体(如孤寡老人、残疾人、孤儿等)。

这个机构内设有法律服务部、心理辅导部、职业培训就业部、热线救助部、"新生者"宣传活动部、青少部。

"爱心导航协会"的创立者的名字叫潘锐。他的父亲是医生,母亲是有着 30 多年教龄的教师。潘锐 1995 年大学毕业后,做了律师。从 1996 年 5 月到 1999 年 6 月,他先后在三家律师事务所工作,1999 年年初,他准备出国学习深造。在出国前的一天,他的同学、朋友们前来为他送行,从中午一直到深夜 12 点钟,大家一直陪着潘锐,由于气氛高涨,潘锐喝多了的酒。酒后他坚持亲自驾车送朋友回家,结果发生了车祸,并造成一人死亡。潘锐最终被法院依法以交通肇事罪判处有期徒刑 3 年。从此,他失去了原本很好的发展机会。在监狱内服刑期间,他曾经一度沉沦、自暴自弃,是他的父母、朋友们帮助他渐渐改变了不良的精神状态。他渐渐认识到:痛苦、自责是不起作用的,应该振作起来,用自己的实际行动去回报社会、亲人、朋友的关爱,用自己的实际行动来弥补曾经犯下的罪过。于是,他开始重新思考,重新给自己的人生定位。具体应该如何去做呢? 他在监狱里想了很多方案,但不管哪一个方案,最终的目的只有一个:帮助那些需要关爱的人们。

在监狱服刑期间,潘锐开始真正了解到一些二次甚至三次入狱的犯人的情况和心理。随着了解的深入,潘锐渐渐意识到重新犯罪的危害,也意识到帮助刑满释放人员以及解除劳动教养的人员、在教人员的重要性。当时,潘锐想,待出狱后,一定要想办法帮助这些人,使他们能够被社会理解和接纳,同时也会给社会带来安宁。2002 年 2 月 25日,潘锐出狱了。几经努力,"爱心导航协会"在 2004 年 4 月 9 日正式成立。

自 2004 年 7 月 30 日"爱心导航协会"求助部的热线开通以来,平均每天约有 20 个求助电话;帮助的个案约有千余起;安置就业人员约有百余人。除了上述数字外,在劳教所内的反应也可以看出"爱心导航协会"的受欢迎程度:每次潘锐在演讲过程中,听众提问的小纸条从不间断。在一次两个多小时的演讲中,仅有一名服刑人员中途去卫生间,而且还是跑着去跑着回来的……可见其受欢迎的程度。

如果能够建立更多的类似"爱心导航协会"这样的公益机构,那么犯罪的社会预防工作一定会做得更好,构建社会主义和谐社会的目标也一定可以早日实现。

三、社会预防的重要性及其与刑罚预防之间的关系

(一)社会预防的重要性

在犯罪预防的五道防线中,社会预防是第一道防线,具有极其重要的作用。可以说,社会预防是犯罪预防的基本环节。

由于犯罪是诸种因素综合作用的结果,所以预防犯罪也必须采取多种手段落相互配合。例如,刑罚预防虽然可以通过严惩和改造罪犯遏制犯罪增长,但是难以消除产生犯罪的各种因素。很显然,从消除产生犯罪的众多因素入手,采取大量综合性的预防措施预防违法犯罪,才是预防犯罪的根本。

由此可见,动员全社会的力量,对犯罪实行社会预防是极为重要的。犯罪的社会预防是一种标本兼治的措施,可以起到防患于未然的作用。

(二)社会预防与刑罚预防之间的关系

刑罚预防虽然可以通过严惩和改造罪犯来遏制犯罪的增长,但是其作用是有限的,而社会预防则是一种标本兼治的犯罪预防措施,可以起到防患于未然的作用。

由于犯罪是诸多因素综合作用的结果,所以预防犯罪也必须多种手段相互配合。在我国犯罪预防体系中,社会预防与刑罚预防均是重要的手段,二者目标一致,相辅相成。

第三节　犯罪的心理预防

一、犯罪的心理预防的概念

犯罪的心理预防,是指对人的健全人格的社会培养和自我修养过程。

二、犯罪的心理预防的内涵

(一)犯罪心理预防的核心目的是使人养成健全的人格

"人格"这个词是心理学中最难下定义的概念之一。法律上所讲的"保护人格尊严",是将人格视为权利义务主体的资格;人们在日常生活中所说的"某人人格高尚或人格低下",是将人格视为道德的主体,与"品品"同义。

然而,心理学中所讲的"人格"则有特定的含义。我国心理学界一般认为:人格是个人内在的动力组织及其相应的行为模式的统一体。

（二）心理预防承认人的内在自我控制的重要性

人的内在的自我控制主要是指情绪控制。情绪能够影响一个人的精神状态，进而影响到一个人的学习或工作的效率。

一个具有良好修养的人，懂得保持健康的情绪，能够自觉而有效地控制和调解自己的情绪。因此，健康情绪的养成与保持对于每一个人的工作、生活、学习都起着至关重要的作用。

（三）健康的情绪的必要条件

1．正确的人生追求

正确的人生追求是个人学习、工作与生活的一种精神支柱。有了这种精神支柱，可以在遭受挫折、打击和失意时，保持正确的态度和坚强面对的勇气。

2．宽广的胸襟

宽广的胸襟表现在对待生活琐事方面能开阔视野、豁达胸怀，不拘泥于眼下的挫折。古人云："君子所取者远，则必有所待；所就者大，则必有所忍。"一个人只有把眼光放长远，才会有宽阔的胸怀和豁达的度量。看问题应注重全局和长远，不能因暂时的不利境遇而烦恼沮丧。在为人处事上，应当摆脱"自我中心"的小圈子，以宽广的胸怀去接纳他人，以真心、诚心去打动他人。

3．理性地适应现实

人总是生活在一个现实的情感世界中，而这个现实的世界是复杂多变的，有顺心的时候，也有不顺心的时候。一个人如果不能理性地适应这些变化，情绪便会起伏动荡，时喜时怒，不良情绪将会由此而生。如果一个人能够理性适应情感世界的变化，不管现实怎样变化，始终不改乐观的精神面貌，坦然处之，理智地对待环境、条件、人际关系等，就能够在现实生活中形成并保持健康的情绪。

4．寻找身边的快乐

经常保持欢愉、乐观是健康情绪的重要表现。乐观的情绪是身心和谐的象征，是人的心理健康的标志，它能使人从内心到外表都感染上愉快的色彩，从而更加热爱生活、热爱人生。

保持乐观情绪的前提是善于寻找身边的快乐。生活中有快乐，也有忧伤。有的人经常看到快乐的一面，由此而感到生活很美好；而有的人却总是看到忧伤的一面，自然会生活得很不称心。

当然，关于在身边寻找快乐，多看生活中快乐的一面，并不是只看生活中的美好，而否认痛苦和困难的存在。现实的挫折和失败是任何人都无法逃避的。我们所提倡的是：无论欢乐还是忧伤，都应以乐观的态度去面对它。对于眼前的困难，只要以乐观的态度来看待，通过自身的努力来克服。虽然乐观的态度并不能改变客观事实本身，但是乐观的状态却可以使人勇敢地面对现实，不畏困难，使人鼓足勇气改变所遇到的挫折和失败。

（四）不良情绪的控制

1. 暴怒情绪的控制

暴怒是因对客观事物不满而产生的一种情绪反应，一般是由外在的强烈刺激而引起的。这种情绪反应会严重伤害身体。有生理学者通过多年研究认为，暴怒能够击溃一个人的生物化学保护机制，降低身体的人抵抗力以至被疾病所侵袭。

当人暴怒时，身体机体往往能够发挥出超乎寻常的力量。这时，人的机体处于高度兴奋的应激状态，交感神经受到刺激，也会处于应激状态，消化活动被抑制，糖从肝脏中释放出来，肾上腺素分泌增多，以致人的血压升高，脉搏加快，呼吸急促，肌肉中消耗的能量也会增多。因此，在持续的暴怒状态刺激下，人的心脏、脑、胃等各器官均会受到损害。

与此同时，暴怒也会妨碍团结，导致争吵和冲突。可见，暴怒不仅伤自己，还会伤害他人，犯罪学中的激情状态下的犯罪便是如此。

控制暴怒情绪的基本程序有三步：

第一步，意识到自己的暴怒。只有承认自己的情绪处于不良状态，才有可能从这种不良状态中解脱出来。

第二步，对暴怒情绪进行归因。分析产生暴怒情绪的原因，弄清楚为什么会暴怒，经过理智分析，暴怒情绪才会得到消解。

第三步，寻求制怒的方法。制怒的方法很多，例如，当你暴怒时，转换一下环境，如干脆跑一圈，当累得满头大汗时，会感到精疲力竭，这时，基本上会平静下来。

在暴怒时，采用"逆向性思维"，使思路从"恨"的方向中回头，朝相反的方面想想，这同样是一种比较好的制怒的方法。

2. 过度焦虑情绪的控制

焦虑是由某种不顺心的因素而引起的不愉快的情绪反应。它主要是对危险、威胁和需要特别努力但对此又无能为力的苦恼的强烈的预期反应。

心理学认为，适度的焦虑对于学习或工作都有一定的益处，因为在学习或工作前的适度焦虑，可以激励自己更用心准备，以便完成任务。但是，过度焦虑无论对人的生理还是心理都会产生不利影响。在生理方面，由于焦虑会使人的自主神经系统活动增加，血压升高心率加快，皮肤出汗，面色苍白，嘴发干，呼吸加深、加快，肌肉失去弹性等。如果这种状态持续时间较长，会出现坐立不安的运动状态，而且会影响消化和睡眠。在心理方面，焦虑会破坏一个人的精神面貌，使人变得颓废、沮丧和意志消沉，过度的焦虑还会使人过早衰老，对健康无益。

焦虑实质上是对自己的一种精神折磨，可以采取一些有针对性的办法来消除焦虑。

首先，积极进入放松状态是消除焦虑的重要方法。通过适当的放松练习，可以使焦虑者的思绪专注在放松的感觉上,也即通过转移注意力的方式让焦虑者停止焦虑。

其次,向他人倾述也是一种控制焦虑的方法。把心中的焦虑说出来,会使人变得轻松。

三、变态人格

(一)变态人格的概念

变态人格,又被称为精神变态或病态人格,是在先天遗传背景的基础上加以后天的环境影响而形成的明显偏离正常的人格畸形,主要表现为性格的极端性、情感的不稳定性和意志行为的不适应社会性。

变态人格的表现十分复杂,可以从不同角度进行分类。在变态人格中,较为常见的类型有冲动型、自信缺乏型、无情型、怪僻型等。尽管变态人格的表现各不相同,但其差不多都具有情感、意志、欲望严重偏离正常轨道,社会道德和义务感缺乏,自我控制能力差等特征。一些实验室的研究还表明,变态人格者还常有脑电异常和植物神经系统功能低下的某些表现。

由于变态人格者情感冷酷、意志薄弱、情绪不稳定,所以,变态人格常常影响着人的认识和行为,从而也会与犯罪行为相联系。情绪不稳定型的变态者常表现为整个精神活动不能持久集中于一个事物上,因而容易受到外界的影响和别人的唆使去实施不法行为。同时,情绪上的起伏不定,使激惹性明显增高,常因一些小事引起强烈的感情冲动,此时变态者容易在爆发状态下实施粗暴的破坏行为或冲动性行为。

再如具有道德、法律所不允许的顽固嗜好的怪僻型变态人格者,往往明知自己的行为违反法律和道德,却不能克制自己强烈的欲望和行为,因而实施纵火、伤害、盗窃等方面的犯罪。

(二)变态人格的特点

第一,变态人格者一般来说,意识是清醒的,认识能力也保持完整。这种人是在没有意识障碍、智力活动无明显缺损的情况下,出现行为活动和情感等方面的明显障碍。这种人中的大多数都有求医的要求,希望治好自己的"病"。

第二,变态人格通常始于人的童年或者青少年时期,并一直持续到成年时期,有的甚至维持终生。

第三,变态人格者一般都能正确处理自己的日常工作和生活,能理解自己的行为后果,也能理解社会对自己行为后果的评价标准。

第四,变态人格者在智力水平、思维水平和创造等方面并不差,有的还会超过正常人,但由于人格异常,妨碍了他们的意志活动,破坏了其行为的目的性和统一性。

第五,人格障碍与精神病不同,它没有开始发病的标志和病程的变动。

（三）变态人格的心理矫治方法

变态人格的心理矫治方法有很多，主要包括物理疗法和精神分析疗法。

1. 物理疗法（理疗法）

物理疗法是指利用药物或其他手段，对患者进行身体上的介入，以达到心理矫治的治疗方法。物理疗法包括维生素疗法、电睡眠疗法等。

2. 精神分析疗法

精神分析疗法是以弗洛伊德的理论为基础的。

由于人格中的三个部分分别代表三种不同的力量："本我""自我"和"超我"。其中"本我"追求快乐，"自我"面对现实，"超我"追求完美，所以三者之间的冲突不可避免。有的人能使三者保持相对的平衡与和谐，我们说这种人的人格是健康的；而许多人不能使三者之间保持平衡与和谐，如一味放纵"本我"，或者"超我"过分地追求完美，都有可能导致生活适应的困难，甚至使人心理失常。

精神分析疗法中最典型的是宣泄疗法。宣泄疗法是指利用或创造某种情境，把压抑的情绪宣泄出来，以减轻或消除心理压力，避免引起精神问题，从而使人较好地适应社会环境的心理治疗方法，如谈话、书写、运动、哭泣等。

四、网络心理障碍

网络心理障碍也应引起足够的重视，如今，计算机和网络已被应用于社会的方方面面。同时，痴迷于网络者也在逐渐增多，伴随而来的网络心理障碍也已经受到了心理学家、医学家们的广泛关注。

网络心理障碍是指患者没有任何的理由，无节制地花费大量的时间和精力在互联网上持续地聊天、浏览或者打游戏等，以至于伤害了身心的健康。有些人在生活中会表现出一些异常的行为，这也是心理障碍的体现。

网络心理障碍患者，初期是精神上依赖，渴望上网，后来逐渐发展为身体依赖，具体表现为：每天起床后情绪低落、思维迟缓、头昏眼花、双手颤抖、疲乏无力和食欲不振，上网以后其精神状态才能恢复到正常的水平。患者到了晚期，会出现体重明显下降、外表憔悴；每天连续长时间上网，一旦停止上网，就会出现急性综合症状，甚至可能自残或者自杀，危害个人的身体健康或者生命。更有甚者，混淆网络与现实，会对他人的健康或生命权益构成潜在的威胁。

一般情况下，网络心理障碍的发病年龄在 15～45 周岁。由于目前对该心理疾病的治疗尚处于探索阶段，能够采取的措施主要包括：鼓励患者积极参加社会活动，逐步摆脱对于网络的心理依赖；也可以尝试用抗抑郁药物等方法进行综合治疗。

第四节　犯罪的治安预防

一、治安预防概述

（一）治安预防的概念和特征

1. 概念

治安预防是指国家专门性预防机构通过治安管理与惩戒活动以期实现预防违法犯罪目标的社会控制活动及措施。

2. 治安预防的特征

(1)治安预防的主体是公安机关。

从事治安预防工作的公安机关,具体是指公安机关的治安管理部门。现阶段我国公安机关的治安管理部门包括治安部门、巡警机构(或防暴组织)、户籍管理部门、道路交通部门和消防部门。

(2)治安预防的对象是全体社会公众,尤其是违反治安管理的行为人和轻微的违法犯罪人。

犯罪预防的对象是广泛且多元的,作为犯罪预防体系中的重要内容,治安预防的对象也应该是广泛且多元的。在众多的治安预防对象中,有三类主要的预防对象:全体社会公众,这是从整个社会面而言的;大量的违反治安管理的行为人,这些人是治安预防最主要的对象;已经染有恶习并已触犯刑律或已受过刑事处罚和矫治、改造的人员,这些人是治安防范的重点对象。

(3)治安预防的目标是预防、控制和减少违法犯罪,维护社会治安秩序,保证社会安定和稳定,促进社会发展与进步。

预防犯罪的各项措施都是为了防范与治理犯罪,但因各项措施的内容与功能不同,其实现目标的方式与程度也是不一样的。治安预防是一种最为直接的预防工作,其目的就在于把好罪前最后一道关,防止行为人在违法的道路上越滑越远。可以说,整个治安管理与治安预防工作都是十分具体与直接的防罪、治罪乃至保障社会公共安全的活动。

(4)治安预防的手段是治安行政管理部门为实现预防违法犯罪的目标,依法对社会治安秩序实行控制管理的各种措施和方法。

目标的实现必须有适宜的方法。治安预防的实现依靠一系列的带有行政强制性的各种管理乃至惩罚、教育与矫正的方法,这些方法包括法律强制措施、行政管理措施、警察行政措施,以及各种安全防范技术措施等。

(5)治安预防是预防犯罪体系中不可缺少的重要环节,是最为直接的一项专门性预防措施。

从世界各国的预防犯罪实践来看,运用警察力量控制与防范违法犯罪,是较为普遍的措施,而且是必不可少的社会管理方法。在预防犯罪的体系中,社会预防与心理预防是一种普遍性的预防措施,带有超前性、非直接性与非强制性,是作为一般性普遍预防措施的后续防线,同时又是启动罪后预防工作的刑罚预防的精神阵地,如果此项措施落实得不好,整个预防工作有可能功亏一篑。

二、治安预防的任务

1. 预防和发现各种违法犯罪行为

公安机关治安管理部门的工作涉及社会生活的各个方面,除了直接的管理与控制外,还有间接的预防与发现各种违法犯罪活动的任务。当然,管理与控制活动本身就是预防各种治安案件发生的必要措施与方法,因此,公安机关的治安管理部门的主要任务之一就在于预防与发现各种违法犯罪行为。只有如此,才能维护社会秩序,建立良好的生活、学习与工作环境。

2. 预防与查处治安灾害事故

治安灾害事故是指违反治安管理法规或违反安全操作规程而造成人身伤亡或物质损失的事故,包括火灾、车祸、爆炸、中毒、翻沉船等事故。尽管治安灾害事故不属于刑事犯罪案件,但其造成的危害不亚于普通刑事案件。因此,治安预防工作应花费一定的精力预防与查处治安灾害事故,尽量减少、防止此类案件的发生。

3. 惩戒与教育违反治安管理的行为人

治安预防不仅体现在日常治安管理与查处工作中,还体现在对已经实施了违反治安管理法律法规的行为人予以惩戒与教育。治安处罚措施有警告、罚款和拘留,以及带有一定强制性的劳动教养措施。惩戒不是目的而是手段,其目的是通过警戒达到教育违反治安管理法律法规的行为人,促使其以此为戒,并努力接受改造,成为遵纪守法的公民。

三、治安预防的措施与方法

治安预防的措施与方法,是指治安预防主体为了实现治安预防的目标,达到维护社会治安的目的,依法对社会治安秩序实行控制管理的各种手段的总称。

1. 治安预防的措施与方法的分类

治安预防的措施与方法,按其性质和作用可以划分为如下几种。

(1)惩戒措施。

惩戒措施是指公安机关依法实施的治安管理处罚和治安行政强制措施。

其中治安管理处罚是公安机关独立行使的一种惩戒性的法律手段,具体包括警告、罚款和拘留。

治安行政强制措施包括没收、赔偿和负担医疗费用、强制传唤、扣押、提供担保人和交纳保证金、约束、收容、强制戒毒、强行遣回原地等。此外,还有劝阻、训诫、责令具结悔过、治安调解、扣留和吊销许可证、限期整改和停业整顿、限期出境和驱逐出境、劳动教养、注销城市户口等。

(2)管理措施。

管理措施是指公安机关在治安管理中广泛采用的行政管理、行政审批、监督检查和禁止、取缔等内容。

(3)专业措施。

专业措施是指相对治安预防的其他措施更具有治安管理功用的专业性措施,如治安调查、巡逻、守望、堵卡和盘查等。

(4)教育改造措施。

教育改造措施是指以国家政权和警察的强制力为后盾,以教育人、改造人,预防违法犯罪为目的的一种特殊的教育手段。主要包括治安防范教育、社会帮教和监督改造。

(5)技术措施。

技术措施主要是指公安机关采用的现代通信技术、警用电视监控技术、报警技术、安全检测技术、灭火技术、警用电子计算机技术、非杀伤性警用武器等技术与手段。

四、治安管理

治安管理是治安行政管理的简称。它是公安行政管理的主要部分,是国家对社会治安的最专门、最直接、最广泛的行政管理,是治安预防的一项重要措施。治安管理的内涵丰富,范围广泛,涉及社会秩序、社会生活的许多方面,主要包括户口管理、公共场所管理、特种行业管理、危险物品管理等。

(一) 户口管理

1. 户口管理的概念

户口管理是公安机关依法对住户和人口进行登记、调查、统计分析和管理的工作。它是以全体公民为管理对象的。户口管理旨在熟悉人口情况,掌握重点人口动态,控制社会面,保障社会经济的发展和人民群众的安居乐业。户口管理是治安管理的一项基础工作。

2. 户口管理的基本内容

(1)户籍管理。

户籍管理是指公安机关依据国家有关法律、法规和政策,采取各种行政措施,实施的国家行政管理工作。它包括户口登记、户口迁移、户口调查、户口档案、户口统计、人口信息卡片管理等内容。

（2）居民身份证管理。

居民身份证管理是指由公安机关依据《居民身份证条例》的规定颁发的证明公民身份的法定证件。凡居住在我国境内的年满 16 周岁的中国公民都应当申领居民身份证。我国从 1985 年起，普遍实行居民身份证制度。居民身份证管理包括：居民身份证的申领、签发、换领、补领、缴销等；对违反居民身份证管理的行为的处罚等。

（3）暂住人口管理。

暂住人口是指在常住的市、县行政区域以外的城镇临时居住 3 日以上的人员。暂住人口管理包括暂住人口的申报、注销、延长登记；对暂住人口中的列管对象的监督控制和帮教；证件核查等。

（4）重点人口管理。

重点人口是指那些对社会可能有现实和潜在危害，由公安机关纳入视线，需要进行调查控制和教育改造的人。重点人口管理是户口管理的一项重点工作。被列入重点人口管理的人员主要包括：有危害国家安全嫌疑及有其他刑事犯罪活动嫌疑的人；有危害社会治安嫌疑的人；因民事纠纷激化、有行凶闹事苗头，可能铤而走险的人；被依法判处管制、剥夺政治权利、缓刑、假释、监外执行和被监视居住、取保候审的人；刑满释放的人。重点人口管理包括：重点人口的列管、撤销、考查，处理以及档案管理等。

3. 户口管理在预防犯罪中的作用

户口管理可以准确、及时地了解社会人口信息及基本情况，掌握重点人口动态，发现违法犯罪嫌疑人，限制和防范犯罪分子的破坏活动。

实行居民身份证管理，有利于严密社会治安管理，它不仅能为及时发现、控制各种违法犯罪分子提供条件，还可以通过对居民身份证的查验，直接查获一些违法犯罪者、流窜犯以及在逃犯。

加强户口管理能为预防犯罪提供有序的社会环境，能促进邻里之间的相互了解、相互信任，有助于营造有利于预防犯罪的人际关系，有利于组织群众积极开展安全防范，由此也可大大降低违法犯罪率。

户口管理能在一定程度上控制人口盲目无序的流动，以减少由此带来的对社会治安秩序的冲击和不利影响。通过对暂住人口的管理，可以维护城镇正常稳定的社会秩序，并可及时发现和打击混进其间的各种违法犯罪分子。

（二）公共场所的治安管理

1. 公共场所治安管理的概念

公共场所治安管理是指公安机关依照有关治安管理法律法规的规定，对公共场所的治安秩序进行行政管理的活动。这里的公共场所是指向社会开放，供人们进行社会活动的场所。目前，列入公安机关管理的公共场所主要有公路、街道、广场、车站、码头、渡口、民用航空站、影剧院、文化宫、歌舞厅、俱乐部、公园、游乐场、游览区、游泳场、体育馆、运动场、商场、展览馆、集贸市场等。这些场所具有分布面广,人员构成复杂,人、财、物高度聚集且流动频繁,社会住处交流量大等特点,容易发生扒窃、诈骗、抢劫、赌博、卖淫嫖娼、流氓斗殴等违法犯罪活动和治安灾害事故。加强对公共场所的治安秩序的管理,对于防范和打击各种违法犯罪活动,预防治安灾害事故,保障社会治安秩序的稳定和公民生命财产安全都具有重要的意义。

2. 公共场所的管理与防控

(1)注重对公共场所发展总量实行宏观调控。

公安机关应协助有关部门加强对公共场所开张、营运的审批,实行宏观总量控制,通过发放经营许可证等方式,防止公共场所的乱批、乱建,盲目发展,对非法经营场所予以坚决取缔。做到种类公共场所布局合理,既有利于经济建设和人民生活,又有利于维护公共安全。

(2)加强治安防范宣传教育。

开展经常性、服务性、群众性的治安防范宣传教育,可以提高广大群众遵纪守法的自觉性,增强自我保护能力,并鼓励广大群众主动维护公共场所秩序,积极同危害社会治安的违法犯罪行为做斗争,减少、防止治安灾害事故的发生。

(3)坚持安全检查制度,及时排除隐患。

公安机关应帮助和指导公共场所的主管部门制定各项安全管理制度和安全责任制度。坚持定期和不定期地对公共场所实行安全检查。发现隐患,应立即采取措施予以排除。凡存在重大安全隐患的公共场所要督促其限期整改。对违反法律、条例、规章制度拒不改正者要依法给予处罚。对车站、码头、民用航空站等重点场所要加强查禁危险物品,对非法携带危险物品的人要严肃处理。

(4)组织治安联防,布哨巡逻。

公安机关要在公共场所及其周围建立治安联防组织,以增强防范力量,扩大防范范围,严密防范网络。在一些公共复杂场所附近,要公开设岗布哨,加强治安巡逻值勤,可以采取步巡、车巡、舟巡、空巡等形式,开展定线、变线、乱线、巡回查缉。这些措施手段对于及时了解治安动态,处置公共场所突发事件,发现和预防制止违法犯罪活动,堵截抓获现行犯罪分子、流窜犯以及逃犯,排除危险情形、维护社会治安有重要作用。

(三) 特种行业管理

1. 特种待业管理的概念

特种行业管理是指公安机关为预防和打击违法犯罪活动、维护公共秩序和保障公共安全而依法对工商业和服务业中一些容易被违法犯罪分子利用的行业所实行的治安行政管理,它是治安管理中的一项专门业务。目前,被列入特种行业管理的主要有:旅馆业,包括旅店、旅馆、旅社、客栈、车马店、宾馆、饭店、浴室、茶社、招待所等;印刷业,包括经营排版、制版、印刷、装订、复印、影印、誊写、打印等印刷业务的企业和个体工商户;刻字业,包括刻字厂、刻字社、刻字摊和生产原子印章的工厂、企业等;旧货业,包括信托寄卖业、旧货市场、拍卖行、当铺、废旧金属收购站等。公安机关对特种待业的管理不是业务经营管理,也不是隶属关系的行政管理,而是这些行业在工商行政部门和企业上级主管单位的领导管理下,同时接受公安机关的治安管理。

2. 特种行业管理在预防犯罪中的作用

在特种行业中,由于来往人员较多,成分复杂,流动性大,最容易被违法犯罪分子利用进行违法犯罪活动。一些违法犯罪分子常常利用特种行业的特殊条件进行落脚藏身、偷盗、诈骗、抢劫、伪造证件印章及票证单据、卖淫、走私、贩毒、印制非法出版物和黄色刊物、匿销赃物、流窜作案等犯罪。对特种行业实行治安管理,能有效地堵塞犯罪分子逃匿和进行违法犯罪活动的渠道,消除和减少犯罪可资利用的条件,预防违法犯罪活动的发生,公安机关还可通过对行业经营者和从业人员的安全业务培训和指导,提高他们的治安意识和识别违法犯罪分子的能力,掌握同违法犯罪分子做斗争的本领,并为公安机关提供有价值的犯罪嫌疑线索,打击各种违法犯罪活动,协助公安机关缉拿逃犯,查获现行犯,共同维护特种行业的社会治安秩序,确保其正常经营,减少国家、集体和公民的财产损失,保障公共安全。

(四)危险物品管理

1. 危险物品的概念

危险物品是指具有易燃、易爆、腐蚀、杀伤、毒害、放射性等性能,在生产、储存、运输、销售、使用等过程中,易引起人身伤亡或财物损毁的物品。

被列入治安管理范围的危险物品有4类:民用爆炸物品,包括炸药、雷管、导火索、非电导爆系统、起爆药和爆破剂、黑火药、烟火剂、瓦用信号弹和烟花爆竹以及其他爆炸物品;枪支弹药,包括军用手枪、步枪、冲锋枪和机枪,射击运动用的各种枪支,狩猎用的有膛线枪、霰弹枪、火药枪,麻醉动物用的注射枪,以及能发射金属弹丸的气枪等;列管刀具,包括匕首、三棱刀、带有自锁装置的弹簧刀以及其他相类似的单刃、双刃、三棱尖刃;有毒物品,放射性物品及化学易燃物品等。

2. 危险物品的管理内容

(1)认真做好危险物品生产经营审批登记工作。

为了确保危险物品在生产、储存、运输、销售、使用、销毁等过程中的安全,除有关部门审批外,还须由公安机关严格把关予以审批、登记注册。凡不符合安全条件者应予以限制。对未经批准或未领许可证而擅自从事危险物品生产、经营和使用的,要依法查办。

(2)建立严密的安全监督检查制度。

公安机关要进行经常性的安全监督检查,检查各单位各项安全管理制度的落实情况及工作人员的安全责任意识,以便及时发现和消除不安全因素。对有重大安全隐患的单位,应责令其整改或停业整顿,必要时予以取缔。

（3）收缴散失在社会上的危险物品。

危险物品一旦流入社会，对社会治安将构成巨大威胁，如被犯罪分子所利用，后果不堪设想。因此，公安机关应采取措施、多渠道、多途径地收缴流散在社会上的枪支、弹药、管制刀具及其他危险物品，严禁个人非法携带、私藏危险物品。

（4）广泛进行安全防范宣传教育。

充分运用大众传播媒介和在车站、码头、机场等场所张贴布告等措施进行危险物品管理规定的宣传教育，提高人民群众的安全意识，增强人民群众抵制违法行为的自觉性。

（5）依法办事，严肃查处违法行为。

对由于危险物品造成的治安事故及其他违反危险物品管理的行为，公安机关要及时依法查处，分清责任，给予处罚。对危险物品被盗、丢失和被抢案件，要组织力量查找，迅速破案，以防后患。

3. 危险物品管理在预防犯罪中的意义

危险物品本身具有较大的破坏力和杀伤力，如对其管理不善，可能发生人身伤亡、财产毁损等事故。更为严重的是，危险物品如果落入违法犯罪分子手中，往往会成为犯罪工具，被他们用来进行爆炸、凶杀、纵火、抢劫、投毒、劫持飞行器和车船等犯罪活动，制造重大恶性案件，给国家和人民生命财产安全、社会正常秩序带来极大危害。公安机关依法对危险物品实施管理，有助于督促单位严密各项规章制度，确保各环节的安全，有利于查找隐患，堵塞漏洞，防止危险物品被盗、被抢，或流散、丢失，降低减少违法犯罪分子利用危险物品进行破坏的可能性，从而有效避免重大损失与伤害。这对于维护社会治安，保障公共安全和人民生命财产安全，都具有重大意义。

第五节　犯罪的技术预防

一、技术预防的概念与作用

（一）概念

技术预防是指利用科学技术手段防范、制止犯罪行为发生的措施和方法。

（二）作用

1. 可以隐蔽或保护犯罪侵害的目标，减少违法犯罪行为的发生机会

实施技术预防，增加犯罪的难度，使行为人难以实施犯罪行为，被迫放弃犯罪企图，中止犯罪活动；或即便是实施犯罪，也会延长罪犯作案时间。如在城市居民住宅内安装防盗门，在汽车上安装保险锁、报警器，在单位要害部门，仓库重地安装报警、防护装置等，都能起到较好的防盗防抢效果，使犯罪分子的盗窃、抢劫目标难于实现，从而降低发案率，起到预防犯罪的作用。

2. 有助于监控案发现场和现行犯罪分子,便于及时破案

实施技术预防,在一些案件多发区域、部位安装防盗报警、电视监控、出入口控制及安检设备等,一旦犯罪分子进入相关区域,能及时发出信号,以便于公安、保卫人员迅速发现并现场抓获犯罪分子,提高破案率,有效地打击犯罪活动,保护国家和集体的财产安全以及人民群众的生命安全。

3. 可以发现、认定犯罪分子

实施技术预防,可将犯罪分子在作案现场的活动尽可能真实地记录下来,为公安保卫人员抓获犯罪人、认定其罪行提供宝贵的线索和有力的证据。如可通过闭路电视监控自动录像系统和指纹、掌纹、眼纹控制系统,较为准确地发现入侵的犯罪分子,并为认定其犯罪事实提供证据。

二、技术预防的种类与应用范围

(一) 种类

1. 报警系统

目前使用的报警器主要有:超声波检测报警器,红外线式报警器,微波报警器,静电电容报警器,机电报警器,声控报警器,视频报警器等。其主要作用是当犯罪分子进入或穿越报警控制区时,立即发出侵入信号,进行报警。

2. 监听系统

目前常用的监听器主要有:专线监听器(有线监听器),无线监听器,红外激光监听器,微波无电源监听器,微波无线电遥控电源监听器等。其主要用途是收听和记录犯罪分子或特定侦察对象的声音,秘密获取其犯罪活动的罪证。

3. 监视系统

目前常用的监视仪器主要有:闭路电视,主动红外夜视仪,微光夜视仪,热释电夜视仪,光机扫描夜视仪,微光电视,微光照相机,红外照相机,磁带录像机等。其主要用途是固定、记录、还原犯罪分子实施犯罪活动时的真实状况,以证实犯罪或强化监控区域,防止突发事件的发生,预防犯罪。

4. 探测系统

目前常用的探测器主要有磁力探测器、低 X 射线探测器、炸药探测器、金属武器、探测器、探雷器等。其主要用途是发现犯罪分子携带、藏匿、埋设的爆炸物品、武器(金属)、走私贩毒或其他违禁物品、剧毒或放射性物品、地雷等其主要作用是协助抓获犯罪分子,防止重大恶性犯罪行为发生,能有效提取犯罪痕迹物证。

5. 防护系统

目前常用的防护装置有铁门、铁栅栏、电网、防撬式保险锁、密码电子锁、防爆门自动闭锁装置、车辆自动关门装置、保险箱、保险柜、防撬压破坏的声控报警装置等。其主要用途是防盗窃、抢劫,防破坏,给犯罪分子实施犯罪活动设置重重障碍,使之难以得逞。

【指纹识别技术的前景】

每个人的皮肤纹路在图案、断点和交叉点上各不相同,也就是说每个人的皮肤纹路都是唯一的,并且终生不变。依靠这种唯一性和稳定性,我们就可以把一个人同他的指纹对应起来,通过比较他的指纹和预先保存的指纹进行比较,就可以验证他的真实身份。这就是指纹识别技术。在经历了近10年缓慢的自然增长后,指纹识别技术迎来了跳跃性发展的黄金时期。指纹识别技术的巨大市场前景,将对国际、国内安防产业产生巨大的影响。目前,指纹识别主要应用在考勤、门禁、保险箱柜等领域,相信,随着指纹识别技术的完善,还会普遍应用在身份证、机动车、家居等更多的领域。指纹识别技术是通过计算机实现的身份识别手段,也是当今应用最为广泛的生物特征识别技术。过去,指纹识别技术主要应用于刑侦系统,近几年来已逐渐走向民用市场。同时,民用市场也对指纹识别技术提出了小型化、低价格的指纹采集设备、高速计算平台,还有更高的识别准确率,以满足各种不同应用的需求。

(二) 应用范围

一般情况下,技术预防主要应用于以下场所。

(1)枪支、弹药库;

(2)存放国家机密资料、档案的保密室、档案室;

(3)银行金库、陈列重要历史文物和珍宝的场所;

(4)存放易燃、易爆、剧毒、菌种、放射性物质等危险物品仓库;

(5)工交、财贸、商业系统的重要物资仓库;

(6)商店、银行储蓄所、粮管所等财物集中,易发盗窃案件的部门;

(7)机场、车站、码头、海关等重要场所。

三、技术预防应注意的问题

(一) 用于技术预防的各种设备装置应由公安机关负责管理

这是指由公安机关负责组织设计、试制、鉴定、监督检查安全性能、组织生产、配合内保部门和有关单位有计划的推广使用技术预防,并对用户进行技术指导和监督检查。

(二) 用于技术预防的各种设备器材,是预防犯罪的安全装置,必须因地制宜,讲求实效

例如,结合实际需求,切勿安装使用可能伤害人身安全、损害财物或造成恐怖气氛的器材。

（三）安装使用技术预防装置，要分不同情况给予一定的控制

一般单位安装使用技术预防装置时，应由本单位负责人同意，并向公安机关备案。机关、工厂和科研部门的机密部位、银行金库、文物珍宝保管场所，以及民航机场、铁路车站、海关检查等需要安装技术预防装置时，应由本单位提出申请，经公安机关审核。

（四）技术预防与警察的防范密切配合

安装使用技术预防装置的单位，要建立健全值班、值勤制度，确保在接到报警讯号后，能及时采取有效措施，迅速捕捉犯罪分子。

（五）加强对技术预防装置的保养、检查、维修

这要求相关单位做到及时排除故障，避免损坏，使技术预防装置始终处于良好的工作状态，安全有效地运转。

（六）严格控制知密范围

为防止犯罪分子破坏技术预防装置，在一些区域、部位安装使用技术预防装置时，必须严格保密，尽可能缩小知密范围。

第六节　犯罪的刑罚预防

一、刑罚预防的概念

刑罚预防是指国家司法机关运用刑罚的方法揭露犯罪、惩罚和改造罪犯，从而预防再犯，并警示具有潜在犯罪风险的人，教育全体社会成员的一项特殊强制措施和防范手段。

刑罚是国家最严厉的一种法律制裁措施，是国家不可缺少的暴力机器内容之一。刑罚预防是国家在社会预防、心理预防和治安预防等预防手段均无效的情况下，不得已而使用的预防方法。

1. 刑罚权的具体内容包括制刑权、求刑权、量刑权和行刑权

（1）制刑权。

制刑权是指创制刑罚的权力，这是一种立法权。它的内容包括：废，即废止某一种刑罚的权力；改，即修改某一种刑罚的权力；立，即确立某一种刑罚的权力。

（2）求刑权。

刑罚创制以后，还要适用于一定之人。这就产生了由谁通过何种方式请求对犯罪人予以刑罚处罚的权力，也即求刑权。求刑权具体包括公安机关的侦察权力和检察机关的提起公诉的权力。

在古代社会，求刑权往往由被害人行使。随着国家权力的扩张，求刑权收归国家所

有,并授予检察机关行使,主要表现为公诉的形式,因而成为国家权力的组成部分。

（3）量刑权。

提起刑事诉讼以后,就发生了刑罚裁量的问题。根据求刑权而决定是否科刑以及科处何种刑罚的权力,就是量刑权。量刑权由法院来行使。

（4）行刑权。

量刑权只是解决了刑罚的裁量问题,判决所确定的刑罚还有待于付诸实施,这就发生了刑罚执行的问题,也即行刑权。行刑权就是对犯罪人执行刑罚的权力,其行使机关主要是监狱。

制刑权、求刑权、量刑权、行刑权是有机的整体,它们共同构成国家刑罚权的完整内容。

2. 刑罚预防的作用机制和途径,存在于刑罚自身所特有的属性之中

惩罚性和严厉性是刑罚基本的属性。正是这种属性,在社会心理和个体心理上造成了威慑和恐怖效应,从而促成了人们远罪避害的心理和行为定向。也就是说,刑罚的惩罚性和严厉性,强制地压抑了个体的犯罪意念的形成和对于犯罪行为的模仿,最终保证了刑罚预防犯罪的可能性和现实性。

3. 刑罚预防是针对特定的犯罪人的一种特殊预防,同时对社会上潜在的犯罪人和其他社会公民发挥着一般性的预防作用

刑罚预防的对象主要是已经实施了犯罪行为的犯罪人,同时,对于具有潜在犯罪危险性公民,也具有警示作用。另外,通过对罪犯的惩罚还可以达到教育、鼓舞其他社会公民遵纪守法、自觉地与违法犯罪做斗争的目的与作用。

4. 刑罚预防以刑罚的目的为目的

我国刑罚的目的是最大可能地预防犯罪,因此,刑罚预防要以刑罚这一目的为目的。刑罚预防方式的选择、预防对象的确定等,都要以刑罚的目的为准绳。也正是由于刑罚目的的引导,保证了刑罚预防乃至整个预防犯罪体系的方向性和有效性。

二、刑罚预防的特点

（一）罪后性

罪后性是指刑罚预防措施的起动与功效的发挥均是在行为人实施犯罪行为之后才得以开始与实现。

按照刑罚理论,刑罚的制定与颁布本身具有罪前的宣言功能、告诫社会公众什么行为可以做,什么行为不可以做,否则国家将会采用相应的刑罚强制手段予以惩戒。虽然刑罚的制定与颁布具有宣示与威慑效应,但毕竟这是一个静态的过程,并不能起到绝对的预防作用。

因此,只有在犯罪人实施了犯罪行为后,整个刑罚机器才会处于动态的过程中,即处于侦查、检察、审判与执行等动态过程中,也才能进一步发挥出刑罚的威慑与教育的作用。

(二) 惩戒性

惩戒性是指刑罚预防的功效是通过对犯罪人的惩罚与儆戒实现的。

没有必要的刑罚制裁,犯罪人感受不到罪行的深重、刑罚的威严,也不能吸取教训,甚至犯罪人可能重新实施犯罪行为。

惩罚必须达到止罪的严厉程度,否则起不到预防犯罪的效果。对罪犯实施刑罚惩罚的严厉程度,既要考虑到犯罪人的主观恶性及其客观危害性,又要考虑到对于社会上潜在犯罪人的警示作用,只有二者兼顾,才能充分发挥刑罚预防犯罪的作用。

(三) 多维性

多维性是指刑罚预防的功能是多元、多向功能的集合。

刑罚预防的多维性具体表现在:刑罚预防可以分为特殊预防和一般预防。

刑罚预防中的特殊预防是针对犯罪人而言的,特殊预防对犯罪人具有惩罚、教育和感化的作用,其目的在于最大限度地把罪犯改造成为新人,防止其再次犯罪。

刑罚预防中的一般预防则是针对犯罪人以外的其他人而言的。一般预防依其对象的不同而具有不同的作用,如对于潜在的犯罪人具有警戒与威慑的作用;对于社会上的守法公民具有鼓励与褒扬及提前预防的作用。

关于刑罚的特殊预防与一般预防,后文有详细论述,此处不一一展开。

(四) 专门性

专门性是指刑罚预防是国家预防犯罪体系中由专门的国家司法机关予以执掌与操作的打击犯罪、制裁罪犯和改造罪犯的专门性预防措施。其专门性体现在刑罚的预防措施由国家专门机关——公安机关、检察院、法院和监狱来实施,其他任何团体和社会组织均不具备运用刑罚的权力。

三、刑罚预防的地位

刑罚预防是人类迄今为止最早和最持久地采用的预防犯罪的专门性的手段与方法。

最早是指在人类社会进入阶级社会以后,甚至在更早的原始社会向奴隶社会过渡时期,就有了运用刑罚手段,制裁罪犯、维护社会秩序的历史。

最持久是指迄今为止,任何一个国家、任何一个统治者都没有放弃刑罚手段。很难想象,如果一个国家没有刑罚,没有运用刑罚的警察、检察院、法院和监狱,社会秩序会是怎样的状态。因此,在 21 世纪乃至更长远的未来,刑罚预防手段将一直存在。

刑罚预防是国家的专门性预防措施之一。在整个犯罪预防体系中,刑罚预防是最后一道防线,是预防犯罪不可缺少的重要一环。

需要注意的是,刑罚预防不是预防犯罪的根本的或是最主要的方法,只是必不可少的方法之一,既具有其特殊性和不可替代性,又具有局限性,其局限性表现在刑罚预防是一项治标不治本的预防措施。只有将刑罚预防纳入犯罪预防的整个体系之中,并且与其他各项措施紧密配合,才能发挥其独特的功能。

四、刑罚预防的功能

(一) 刑罚预防的功能的含义

刑罚预防的功能,主要是指刑罚预防手段在其设制与实施过程中所能发挥的防治犯罪的作用及效应。

刑罚设制是指刑事立法活动及其体现在刑法典中的预防犯罪思想与意图。设制刑罚预防手段包括制刑的全过程,尤其强调刑罚的公布与广泛宣传。

刑罚预防功能的实施是指国家刑事司法机关即公安机关、检察院、法院和监狱各部门在适用和执行刑罚过程中所体现的预防犯罪功能。

(二) 刑罚预防的功能的分类

依据作用对象的不同,刑罚的预防功能主要分为两类:特殊预防功能与一般预防功能。

1. 特殊预防功能

(1)特殊预防功能的概念。

刑罚的特殊预防功能是指国家司法机关通过揭露犯罪行为并对犯罪人适用和执行刑罚,因而具有的防止罪犯再犯罪的作用。

由于特殊预防是针对特定的犯罪人在实施了犯罪行为之后所采取的惩治、预防措施,所以又称为"个别预防""罪后预防"或"再犯预防"。

(2)特殊预防功能作用的对象。

特殊预防功能作用的对象,是已经实施了犯罪行为,给社会造成了严重危害的应受刑罚处罚的罪犯,或称犯罪人。

(3)人类历史上四种特殊预防的理论与实践。

①威慑,运用刑罚的惩罚及其所产生的威慑效应预防犯罪,是人类在预防犯罪方面的最久远的做法。

中世纪以前,刑罚手段极端残酷野蛮。基于报复和威吓的目的,对罪犯大量使用的是生命刑、肉刑,旨在从肉体上消除犯罪人和迫使罪犯惧怕酷刑而不敢再犯。

资本主义社会初期,犯罪古典学派基于报应和功利的目的,主张对罪犯进行惩罚威慑,其他犯罪学家们普遍认为刑罚的本质应当是报应与惩罚,只有当刑罚给予犯罪人的痛苦大于其通过犯罪所获得的快乐时,犯罪人才不敢再犯罪。

威慑理论的弊端:这种理论单纯强调刑罚的威慑作用,注重刑罚对犯罪人的心理和生理的刺激和影响,加上行刑过程中的极端黑暗,很难达到预防犯罪人重新犯罪的目的。

②剥夺犯罪能力。犯罪人类学派基于"生来犯罪人"的观点认为,刑罚对犯罪人不可能产生威吓作用。认为对于生来犯罪人,只能采取措施使其与社会隔离;对具有犯罪生理特征的人予以矫治,甚至剥夺其生理机能来消除其天生犯罪的动因和实施犯罪的可能。例如,有学者主张将危险性很大的人流放到荒岛上,终身监禁直至其死亡。

剥夺犯罪能力的理论的弊端:由于"天生犯罪人"的理论本身就是不科学的,甚至是荒谬的,所以由这一理论所指导的"剥夺犯罪能力"的理论也必然是不科学的。实践也证明,单纯的监禁与隔离并不能消除犯罪人的再犯危险性。

③感化教育。犯罪社会学派基于犯罪是不良社会环境因素影响的结果,提出国家不应该惩罚作为社会环境之牺牲品的犯罪人,而应该用刑罚来教育改造犯罪人。刑罚的本质应该是教育而不是惩罚。

感化教育理论的弊端在于,该理论把教育视为刑罚的唯一手段,从而走向了极端。

④惩罚与改造相结合。在马克思主义关于惩罚与改造相结合的刑罚理论指导下,社会主义国家尤其是新中国通过其实践,充分证明了在惩罚的前提下,通过劳动、教育与感化等手段可以把犯罪人改造成为新人,从而实现刑罚特殊预防的目的。

在我国,刑罚的特殊预防作用,正是通过我国刑罚所固有的惩罚和改造手段相结合的综合功能来实现的。

(4)特殊预防的作用机制。

①惩罚。惩罚是刑罚的自然属性,是一切刑罚的共同特征,也是实现刑罚预防犯罪目的的必要手段。

刑罚的惩罚作用具体表现为对犯罪人的物理强制和心理影响。

物理强制是指国家司法机关依法从物理形态上剥夺犯罪人生命、损毁犯罪人身体以及将罪犯拘束在特定的监狱之内,使犯罪人失去再犯的能力和条件,以防止其再犯。

现代国家主要通过监狱的形式来剥夺与限制犯罪人的自由,从而实现特殊预防的目的。

我国刑法中设有生命刑、自由刑、财产刑和权利刑。对于极少数罪大恶极的罪犯适用生命刑,从肉体上消灭这类犯罪人重新犯罪的可能。

对于危害国家利益或人民利益的罪犯适用自由刑,包括无期徒刑、有期徒刑、拘役和管制,是通过剥夺了犯罪人的人身自由,或限制其犯罪条件的方式使其不可能再次实施危害社会的行为。对于罪犯适用附加刑,剥夺罪犯一部分财产和政治权利,同样也是防止它们利用这部分权利进行犯罪活动。

心理影响是国家刑事执行机构在揭露、适用和执行刑罚的过程中,给犯罪人的生理和心理所造成的感受与效应。主要表现在威慑、辨别与感化三个方面的心理效应。

第一，威慑的心理效应。威慑是指刑罚惩罚留在服刑罪犯心灵深处的因不愿再深陷囹圄之苦而不敢再犯的切身感受，是刑罚应有且追求的一种心理效应。

犯罪心理学研究表明，犯罪人之所以犯罪，其心理原因之一是其持有不受惩罚或可以逃避惩罚的侥幸心理。对犯罪人适用刑罚，使之亲身体验到受刑之苦，意识到犯罪必然以受惩罚为代价，刑罚是犯罪的必然结果，并使其明白任何侥幸心理都是枉然，从而在服刑期间或刑满后一旦产生再犯意念时，基于对再次受刑之苦的畏惧而放弃犯罪，减弱乃至消除犯罪动机，使再犯心理不外化为再犯行为。事实证明，在大多数情况下，犯罪人被揭露和受惩罚可起到遏制与预防再犯的作用。

第二，辨别的心理效应。辨别是指刑事司法活动对不懂法而过失触犯法律的人所起到的认识自己行为性质与法律规范要求的功能。

心理学家根据惩罚实验的结果认为，刑罚惩罚可以帮助犯罪主体辨别哪些是可以被社会接受的行为，哪些是遭到社会拒绝的行为，从而修正自己的行为轨迹。这种辨别作用对于不知法而犯罪者具有较大的再犯预防意义。

第三，感化。感化是指在刑罚适用与执行过程中对犯罪人采取宽大处理与人道主义待遇所产生的一种悔过自新、重新做人的攻心效应。

②改造。改造是指行刑司法机关针对罪犯主观构成进行系统的思想教育、文化知识教育以及职业技术培训，从而扭转、矫正罪犯的主观构成，把罪犯改造成为守法公民。

教育改造罪犯是我国刑罚的特有属性，是人类刑罚的一大进步；是从根本上防止罪犯再犯罪的措施。我国刑罚改造罪犯的功能，是通过教育改造、劳动改造、感化改造等措施而得以实现的。

惩罚与改造是特殊预防得以实现的不可缺少的两大基本手段，二者之间彼此配合，不可偏废。因为，发挥刑罚的惩罚等功能效应，只能制止犯罪，起到预防再犯的治标作用，而把罪犯教育改造成为新人，才是预防罪犯重新犯罪的治本之策。

只有正确地将惩罚与改造结合起来，在惩罚的前提下，实行系统的思想政治教育、文化技能教育，使罪犯参与劳动生产实践，破除犯罪心理，养成劳动习惯，学到一定的生产技能，才能改恶从善，真正重新做人，使刑罚的个别预防功能得以充分实现。

2. 一般预防功能

(1)一般预防功能的概念。

一般预防功能是指国家司法机关在制定和适用刑罚时，对社会一般公众所产生的预防犯罪的作用与能力。

由于一般预防是针对犯罪人以外的没有实施犯罪行为的不特定社会公民而言的，所以又被称为"犯前预防"。

(2)一般预防的对象。

一般预防作用的对象十分广泛，包括了除犯罪人以外的一切社会公众。主要可以归纳为以下几类：

①潜在犯罪人,也称为虞犯。潜在犯罪人,是指已经具备了犯罪心理结构,产生了犯罪意识,只是没有遇到适宜的环境或者畏惧刑罚制裁而没有将犯罪意识外化为犯罪行为的人。

②被害人,尤其指刑事被害人。由于被害人深受犯罪之苦,如果没有及时对犯罪人予以惩处,被害人极可能采用私力报复,由被害人变为犯罪人。

③守法公民。守法公民是指遵守法律秩序的、有一定法律觉悟的社会公民。因为今天守法的公民并不代表其将来也一定守法,只有不断地强化其法律意识,才能使公民整体上做到守法。

（3）一般预防的作用机制。

刑罚的一般预防犯罪的作用过程,不是直接的,而是间接的。依据信息论原理,刑罚的一般预防作用是通过信息的传递与辐射实现的。

信息论表明,人们生活在信息的世界里,一刻也离不开信息的作用。社会要得以存在和有序地向前发展,就必须通过信息的正常活动。一定社会秩序的建立和有效控制,必须通过一系列的法律规范来调整和约束。

对于那些无视法律的罪犯,国家就动用其暴力机器(警察、法庭和监狱)来进行社会制裁或刑事惩罚。而这一切控制活动的过程都是通过信息传递的,同时也通过信息的辐射作用,扩散到社会上潜在的犯罪人和守法公民等不同的社会成员中,从而产生不同的心理效应,进而影响、制约和控制着人们的行为。

具体而言,刑罚一般预防功能作用的信息源,包括制刑机关的制定和颁布刑法的活动;求刑机关的侦查和提起公诉的活动;量刑机关的开庭审理和公开宣判的活动;行刑机关的惩罚与改造活动。

刑罚一般预防功能发挥作用的信息渠道,包括一切可以被公众耳闻目睹的刑事执法活动,如法庭刑事判决公告的广泛张贴,电视广播的宣传报道,等等。

（4）一般预防功能的具体表现。

根据作用对象的不同,一般预防的功能有着不同的表现。

①对潜在的犯罪人,具有一般威慑效应。司法机关对于少数罪犯适用刑罚,能够对社会上潜在的犯罪人起到警示作用,使其悬崖勒马,不敢实施犯罪活动。

②对被害人及其家属具有安抚效应。安抚效应是指通过对犯罪的刑罚制裁,可以弥补受害人的物质损失,减轻其精神上的痛苦体验,得以平息由此而引起的愤怒情绪。

人民法院对犯罪人适用刑罚,依法补偿犯罪给被害人造成的经济损失,满足被害人要求惩罚犯罪人的强烈愿望,恢复其被犯罪行为破坏了的心理,抚慰其受到的精神创伤,能够使被害人尽快地从犯罪所造成的痛苦中解脱出来。对于被害人及其家属的精神抚慰与财物补偿,对于预防被害人的私自报复,也具有十分直接的作用。

③对于不懂法者具有一般辨别效应。这种辨别效应能够促使人们辨别自己的行为的性质,认识是与非、善与恶,摒弃刑罚所否定和谴责的行为,预防"法盲型"犯罪。

④对于守法公民具有鼓舞的效应。一般而言,犯罪行为都会给社会造成危害。如果司法机关没有及时给予揭露、惩罚,罪犯就会气焰嚣张,就会使社会成员担心受害,如果能够及时地揭露和制裁罪犯、准确而恰当地适用刑罚,就能给社会公民以鼓舞,从而激励他们自觉地同犯罪行为做斗争。

五、监狱在刑罚预防中的地位与作用

监狱在刑罚预防中始终扮演着重要的角色。作为国家的物质附属物和暴力机器,它是国家存在的象征之一和对敌专政的重要手段。

监狱具有刑罚预防所期待与追求的防止犯罪的能力与作用。监狱的设置及其目的之一均是防止罪犯重新犯罪,预防社会上的潜在犯罪人实施犯罪行为。监狱是社会的安全阀,其运作与管理的好坏,直接关系到社会的安宁。在阶级社会,国家和人民须臾也离不开监狱的防范与保护作用。

(一) 监狱的设置及其运行机制

根据《中华人民共和国监狱法》(以下简称《监狱法》)的规定,我国监狱仅是被判处死刑缓期二年执行、无期徒刑、一定刑期以上有期徒刑的罪犯执行刑罚的场所。

根据监狱法的规定,我国监狱的设置、迁移,由国务院司法行政部门批准,全国所有的监狱均由国家司法部领导。

新中国成立以来的监狱设置,主要考虑的是罪犯刑期的长短、反社会性的强弱,战备和生产建设的需要,在大城市设立的监狱,关押 10 年以上的重刑犯;在农村和矿山设立劳改队,关押 10 年以下的中轻犯。此外,还专设少年犯管教所关押未满 18 周岁的犯罪少年。这种监狱设置的格局,在历史上曾起到了很好的社会防护作用,也保证了监狱工作的发展。

根据《监狱法》第 12 条的规定:"监狱设监狱长 1 人,副监狱长若干人,并根据实际需要设置必要的工作机构和配备其他监狱管理人员。"

监狱一般应设置狱政、教育、生活、卫生、政工、财务等工作机构。

(二) 惩罚与改造相结合,以改造人为宗旨

我国是人民民主专政的社会主义国家,监狱作为国家的刑罚执行机关,其根本职能就是对被判处死刑缓期二年执行、无期徒刑和一定刑期以上有期徒刑的罪犯执行刑罚,实施惩罚和改造。

所谓惩罚,就是依法剥夺罪犯的人身自由,剥夺或限制他们的某些权利,强迫他们遵守法律、法规和监规纪律,使之不能继续危害社会。惩罚罪犯是古今中外的监狱所共同具有的职能之一,我国监狱也不例外。但是,我国监狱对罪犯执行刑罚并不是单纯惩罚,还要对罪犯进行改造。即通过执行刑罚,改造罪犯的思想,矫治罪犯的恶习,

使他们养成劳动习惯,学会生产技能,成为自食其力的守法公民和建设社会主义的有用之材。

这是我国监狱区别于一切剥削阶级国家监狱的一个重要特色。惩罚与改造相结合、以改造人为宗旨的方针是以我国监狱的性质、任务及改造罪犯的成功经验为依据制定的,它完整地体现了我国的刑事政策,正确地解决了监狱行刑中惩罚与改造的关系,摆正了二者的位置。

第七节　犯罪的刑事被害预防

一、刑事被害预防的概念

刑事被害预防是指公民、法人、其他组织等具体个体,以及社区、国家等主体,为消除易受害的各种因素和条件,以避免刑事被害,所作出的各种积极防范措施的总和。

二、刑事被害预防的特点

(一)刑事被害预防与犯罪预防具有对应性

这种对应性表现:被害预防主要是针对被害人和潜在的被害人而言的;而犯罪预防主要是针对犯罪人和潜在的犯罪人而言的。二者在整个刑事预防体系中属于互相对应的两个方面。另外,二者在预防的效果上也存在着对应关系,也就是被害预防的措施越有成效,犯罪预防就会越明显。

(二)被害预防具有多层次性

被害预防是具有多个层次的预防,主要包括五个层次。

1. 对于普通个体首次被害的一般预防

这种一般预防是指公民、法人、其他组织等具体个体防范被害于未然,这是最积极、最普遍、最广泛的预防。

2. 潜在的被害人对即将来临的首次被害的重点预防

潜在的被害人是相对于已然被害人而言的,是指已经步入或正在步入被害情境,因而具有被害的现实可能和实际威胁,但尚未真正被害的人,由于潜在的被害人离被害的距离比普通个体更为接近,因而是被害预防中的重点。

3. 对于已然被害人再度被害进行的再次预防

已然被害人是指那些已经遭受了犯罪侵害,被害已成事实的被害人。

再次预防是使已然被害人吸取首次被害的教训,及时消除自身易遭被害的各种致害因素,以免再度被害。

4. 习惯性的被害人对于其长时间重复被害的受容预防

这种受容预防是指消除习惯性的被害人的受容性,将其从忍气吞声、麻木不仁、习以为常的心态中解救出来,以免其长期重复被害。

5. 逆变预防

逆变预防是指预防已然被害人向犯罪人的角色发生恶性逆变。

三、刑事被害预防的意义

首先,刑事被害预防是与犯罪预防体系相对应的。刑事被害预防有其自身独特的作用,它是从被害人和潜在被害人一方着眼,强调被害人主动发现并自觉清除自身易遭被害的各种致罪因素,以免被害或再次被害,这就相应地起到了遏制犯罪发生的作用。因此,被害预防是与犯罪预防相互对应的,是一个问题的两个方面,二者必须同时并进。

其次,被害预防可以充分发挥群众的预防作用。传统、单一的犯罪预防对策,主要强调国家的预防责任,认为国家对其国民应当全部承担起预防犯罪之责,而认为国民个体不负有预防他人犯罪之责。而被害预防的途径,则实事求是地强调指出公民、法人、其他组织等具体个体的责任,如果每一个体在预防被害方面都可以有所作为,也就能自觉地为国家分担一部分责任。广大人民群众的积极、广泛的参与,是实现"减少犯罪、减少被害"这一目标所必不可缺的前提条件。

因此,与传统、单一的犯罪预防途径相比,被害预防有利于最大限度地发挥人们的预防潜能和积极性。

四、刑事被害预防的总体内容

对于加害人方面的防范和对于被害人方面的防范,是相互联系和密不可分的,两者构成了被害预防的总体内容。

对于加害方的防范,是指运用各种有效的手段直接防止加害方实施犯罪行为,从而相应地达到被害预防的目的。

对于被害方的防范,是指社会、国家、社区等针对有可能被害或再次被害的个体进行保护性的防范,以此直接地达到被害预防的目的,这是被害预防总体内容的主要方面。

五、刑事被害预防的重点方向

(一)易被害群体

易被害群体是指那些具有某些人口统计学特征(一定的性别、年龄、职业、文化程度、经济条件、社会地位等)以及与之相应的生活方式、行为特征等,因而易遭刑事被害的个人所构成的群体。

(二)易被害空间

易被害空间是刑事被害易于发生的地区和场所等的总称。如酒吧、餐馆、舞厅等公共场所,被害人必经之路等,构成了杀人、伤害等易被害空间。

(三)易被害时间

易被害时间是刑事被害易于发生的季节、月份、日期和时刻的总称。

例如,有学者认为:从季节、月份上看,当春夏交接之际,杀人、伤害等被害案件较多,财产被害则在秋季逐渐增多,在冬季上升趋势明显;从日期上看,节假日内被害发生较多,多为盗窃、抢劫等案件。

六、刑事被害预防的关键

刑事被害预防的关键是减少和消除易遭被害的各种致害因素。总体来看,致害因素主要有两大类。

(一)诱发性的被害因素

诱发性的被害因素是指来自被害人方面的、对犯罪人实施加害行为具有推动作用,因而对其自身的被害具有诱发作用的那些易遭被害的致害因素,其特征是对于加害行为之实施、对于自身之被害均具有一定的激发、推动作用。例如,被害人首先对加害人发起的侮辱、谩骂、攻击、殴打等行为。

(二)易感性的被害因素

易感性的被害因素又称为接收性的被害原因,是指被害人在无意识、非自觉状态下所存在的,容易成为犯罪人所选择之侵害对象,或者容易接收、顺应犯罪人诱导,从而步入犯罪行为易于实施之环境的各种易遭被害的致害因素,其特征是易成为犯罪目标或易接受犯罪人诱导,从而对加害行为之实施和自身之被害起到条件作用。例如,对诈骗犯盲目轻信;炫耀自身财富;贪财;逞强好胜;独身夜行等。

七、刑事被害预防的途径

刑事被害预防的途径,从总体上可以分为"宏观""中观""微观"三种途径,它们共同构成了刑事被害预防的系统,与犯罪预防的系统相结合,有助于"减少犯罪、减少被害"这一目标的实现。

(一)全社会的"宏观"被害预防

这种"宏观"被害预防是指从宏观上依靠全社会的努力,以防范被害发生的一种被害预防途径。就具体的预防措施而言,主要包括以下几种。

1. 宣传教育措施

利用各种渠道和形式,广泛进行被害预防的宣传教育,提高人们的预防被害意识和能力。

2. 净化环境措施

努力提高人民群众的道德水平、增强人民群众的法制观念,提高文化素质,树立良好的社会道德风尚,鼓励见义勇为者,创造一种有助于被害预防的良好环境。

3. 消除各种被害隐患措施

这种措施是具体而多样的。例如,依靠社会的强大力量和特殊作用,对于繁华闹市地区、车站、码头等人杂拥挤地区进行控制和管理,尽量减少和消除和各种被害隐患。

4. 快速反应措施

提高公安、治安保卫等部门等装备的现代化程度,使其能够迅速到达被害现场,以减轻或避免被害。

5. 社会保障措施

社会尽可能改善易被害群体的处境和社会地位,尤其应切实保障妇女、儿童(特别是流浪儿童的救助与保护)、老人、残疾人等社会弱势群体的合法权益;同时,社会还应切实加强对易被害空间、易被害时间、易被害群体等方面的被害预防。

(二)社区的"中观"刑事被害预防

这种"中观"被害预防是指在社区范围内,依靠全体居民的共同努力防范被害发生的一种途径。具体防范措施可以包括如下几个方面。

(1)促进社区发展、大力加强社区内的防范力量,提升社区防范设施。

(2)健全社区巡逻队伍、健全社区内的执勤制度和邻里防卫制度,不让陌生人等随意出入住宅区,遇到行踪可疑者要及时盘问,并采取必要的措施。

(3)提高社区的凝聚力。社区内的人应和睦相处,互相照应、互相帮助,共同提高预防被害的警觉心和防范能力。

(4)加强社区内居民的团结,邻里之间相处融洽、互相照顾,主动为外出家庭照看守望,充分发挥邻里之间、社区内相互守望、及时援救的作用。

(三)具体个体的"微观"被害预防

这种"微观"被害预防是指每一个公民,直接依靠自己的力量,提高、加强自我保护的能力,以防范自身遭受被害的一种刑事被害预防途径。

就具体防范措施而言,主要包括加强防范意识、慎重人际交往、扩大有利因素、消除致害因素、加强防范设施、学会防身本领等。

个体"微观"被害预防的重点在于人身被害预防和财产被害预防。

1. 人身被害预防

加强人身被害预防是指预防公民的生命、人身健康、人身自由等权利遭受被害的预防措施。

(1)伤害、杀人犯罪中的人身被害预防。

①防止因交往不慎而被害。

【典型教学案例】

2002年12月22日清晨7：30左右，深圳某保卫处一名工作人员晨练跑步时发现一具男尸，于是迅速报案。经警方调查，查明死者黄某，毕业后来到深圳工作。他先在一家通信公司工作，2000年又换了工作，到一家科技公司从事软件研发。他的事业可以说是蒸蒸日上，然而却由于交往不慎而最终被人杀害。

据专案组调查，死者有两张手机卡，一张与同事联系，另外一张上的联系人身份较为复杂，其中，有两名女子，一名是歌舞厅的女子，另一名是"职业婚托"。2002年12月21日晚8点，黄某曾经给这名"职业婚托"女子打电话约会，该女子事先与另几个网友密谋抢劫黄某，于是，该女子诱骗黄某来到其网友事先藏好的地点，抢劫了黄某的信用卡并威胁其说出密码（信用卡上共有13万元人民币）后，将黄某勒死并抛尸。

②防止因日常生活中人与人之间的矛盾激化而被害。

【典型教学案例】

2003年10月27日晚11：20，某大学研究生曾某被杀害。警方调查发现：3年前，当时还是大二学生的周某与同学李某相恋，后由于性格不合，两人的感情出现危机。此时，同班另一位同学曾某乘虚而入，与李某相恋，导致周、李恋情彻底结束。此后，周某与曾某二人产生矛盾并不断加深。2003年10月27日晚10：20，周某与他的好友陈某二人携带绳子一起来到该校工科楼308实验室里，当时仅曾某一个人在，周某趁曾某不备，将曾某勒死，然后抛尸。

(2)财产被害预防。

财产被害预防是指为预防公私财物受到犯罪行为的侵害而采取的预防措施。

①盗窃犯罪的财产被害预防。总体而言，防盗的关键在于提高防盗意识，切实加强防范，切忌放松警惕。例如，居民加固门窗，防止入室盗窃；包内放有贵重钱物者，在公共场所更要严加看管。

②诈骗犯罪的财产被害预防。诈骗犯罪在当前较为常见，犯罪分子的诈骗手段日趋翻新，被害人往往损失惨重。预防诈骗犯罪中的财产被害，主要应当注意防止因被害人自身的过错而被骗。诈骗犯固然可恨，但被害人有时也具有过错，这也是诈骗犯罪屡屡得逞的原因之一，也是诈骗犯罪中被害原因的共性所在。

常见的被害人的过错,例如,只计利而不计害;出于某种不当欲求,为贪图名或利而上当;等等。诈骗犯也正是利用被害人的这些弱点,因人施诈、设置陷阱,实施诈骗行为。

③抢劫犯罪的财产被害预防。对于抢劫案件的预防,可以从以下几个方面着手。

例如,金融、财会人员等,当携带巨款来往于路途中时,应当采取必要的安全措施,尽量请本单位的保卫人员协助或同行,严防尾随或预先埋伏的犯罪分子突然袭击;再如,下夜班、上早班的职工应严防路途被抢劫;单身行人在外地出差的,要严防路途被抢劫;汽车司机应严防路途被劫。

第三编　犯罪学分论：几种典型的犯罪类型

第八章　毒品犯罪

第一节　毒品概述

我国《刑法》第 357 条规定：毒品，是指鸦片、海洛因、甲基苯丙胺（冰毒）、吗啡、大麻、可卡因以及国家规定管制的其他能够使人形成瘾癖的麻醉药品和精神药品。

麻醉药品，是指由国际禁毒公约和我国法律、法规所规定管制的，连续使用易产生身体和精神依赖性，能形成瘾癖的药品。根据国务院颁布的《麻醉药品管理办法》和卫生部公布的《麻醉药品品种目录》，属于我国管制范围的麻醉药品包括：阿片类、可卡因类、大麻类和合成麻醉药类及卫生部指定的其他易成瘾癖的药品、药用原植物及其制剂等，共 7 类 118 种。常见的有鸦片、吗啡、海洛因、大麻和杜冷丁等。

精神药品，是指由国际禁毒公约和我国法律、法规所规定管制的，直接作用于人的中枢系统，使人兴奋或抑制，连续使用能产生依赖性的药品。根据国务院颁布的《精神药品管理办法》和卫生部公布的《精神药品品种目录》，属于我国管制范围的精神药品包括：兴奋剂、抑制剂和致幻剂等，共 2 类 119 种，如冰毒、摇头丸、可卡因、氯胺酮和安眠酮等。

毒品具有三个主要特征：

第一，违法性，即违反了国家对上述麻醉药品或精神药品的管理法规。

第二，瘾癖性，即多次使用这些药品之后，极易产生生理或精神上的依赖性，难以摆脱。

第三，危害性，即滥用这些药品将严重损害人的身心健康，对个人、家庭乃至社会造成直接或潜在的危害。

一、传统毒品

罂粟，是一年生草本植物，其花有红、紫、白等不同的颜色，罂粟的果实是球形。

将罂粟的果实表皮剥开后，里面会流出乳白色的果汁，将果汁暴露于空气中干燥后凝结成深褐色的物质。生鸦片经过提炼可以生成吗啡。

将吗啡再经过进一步的提炼即可以生成海洛因。海洛因多呈白色粉末状，俗称"白粉"。

二、新型毒品

对于鸦片、海洛因等来源于原植物的传统毒品的危害性，人们了解的相对较多一些，然而对于近年来新出现的人工化学合成的新型毒品，很多人知之甚少。及时、准确认识新型毒品及其严重的危害性，是有效预防新型毒品滥用的首要举措，具有极其重要的现实意义。

(一) 新型毒品的概念及其主要种类

1. 新型毒品的概念

所谓新型毒品，是相对于鸦片、海洛因等来自原植物的传统型毒品而言的，主要是指人工化学合成的致幻剂、兴奋剂类毒品，是国际禁毒公约和我国法律法规所管制的，直接作用于人的中枢神经系统，使人兴奋或抑制，连续使用能使人产生依赖性的精神药品。

2. 新型毒品的主要种类

根据新型毒品的不同性质，可以将其分为如下四类。

(1)中枢兴奋类，代表物质包括冰毒(甲基苯丙胺)在内的苯丙胺类兴奋剂。

(2)致幻剂类，代表物质有麦角乙二胺(LSD)、麦司卡林和分离性麻醉剂(苯环利定和氯胺酮等)。

(3)兼具兴奋和致幻作用，代表物质是二亚甲基双氧安非他明(MDMA)，俗称"摇头丸"。

(4)以中枢抑制作用为主，其代表物质包括三唑仑等。

(二) 吸食毒品的主要危害性

吸食毒品的危害，可以概括为"毁灭自己、祸及家庭、危害社会"。

1. 吸毒对于个人的危害

首先，对于吸食者自身而言，轻者受到肌体组织或神经等各方面不同程度的损害，并且是不可逆转的，严重者会出现自残甚至自杀行为。

例如，冰毒由于其毒性较海洛因等传统型毒品毒性强得多，一般吸食一次便会上瘾，无法摆脱。因此，冰毒被称为"毒品之王"。吸食冰毒等新型毒品会严重损害人休组织器官的功能，形成难以逆转的病变。

大量的临床资料表明，吸食冰毒和摇头丸等毒品可以对人的大脑神经细胞产生直接的损害作用，导致人的大脑神经细胞变性、坏死，甚至出现急性或慢性的精神障碍。

还有研究表明，绝大部分的冰毒滥用者即使停止吸食毒品后 8 年到 12 年，仍然会有一些精神病的症状，严重者会精神分裂。

另外，吸食毒品者还会出现被害妄想、追踪妄想、嫉妒妄想以及幻听等病理性的精神症状，在这些病理性的精神症状的作用下，吸毒者可能会实施自杀行为或者对他人实施暴力行为。

【典型案例】

2000 年 2 月 7 日,福建厦门某一居室内发生了一场激烈的枪战,两名开枪者不仅合伙秘密加工制造冰毒,而且他们本身也是冰毒吸食者。事发前,二人在吸食冰毒后产生了强烈的幻觉,均怀疑对方在监视自己,于是竟然互相开枪对射了 40 余发子弹,现场更是惨不忍睹。

1997 年 7 月 9 日,深圳市福田区发生了该地区第一例因服用"摇头丸"而猝死的事例,死者是一位年仅 21 岁的女青年。她经常在深圳某夜总会服用"摇头丸"跳迪斯科。以往她都是跳到天亮,药性消失后回家休息。可是案发当天她提前回家了。到家后,由于药性没有消失,她就继续跳,跳到高兴处,就又服用了一粒"摇头丸"。她的室友想让她停下来,可是四个人都没能控制得了她,她就一直跳,跳到最后慢慢地没有力气了,最后体力衰竭倒地猝死。

2. 吸毒对于家庭的危害

原本和睦幸福的家庭,某个成员一旦吸毒,学习、工作、生活都会随之荒废,他的注意力只会集中在如何买到毒品,控制毒瘾发作上。这样,整个家庭都会深受其害,严重者会陷入家破人亡的境地。

3. 吸毒对于社会的危害

吸毒会对社会生产力产生巨大的破坏作用,吸毒者首先导致身体疾病,影响生产,其次是造成社会财富的巨大损失和浪费。

毒品活动也会扰乱社会治安,加剧诱发各种违法犯罪活动,给社会安定带来巨大威胁。

此外,毒品问题还会诱发其他违法犯罪,破坏正常的社会和经济秩序。

第二节 毒品犯罪

一、毒品犯罪的概念

在犯罪学上,毒品犯罪,是指与毒品有关的一系列犯罪的总称。包括生产、运输、买卖和消费等诸多环节。当然,某些麻醉药品与精神药物同时具有医疗和科学价值,可能是医治某些疾病过程中必需的医用选择,有限制的临床使用也是国家允许的,这种行为不应归入毒品犯罪的范畴。

一直以来,我国法律对毒品犯罪的规定非常严格,保持着对毒品犯罪的高压态势。例如,根据《刑法》第 347 条第 1 款的规定,走私、贩卖、运输和制造毒品的,无论数量多少,都应当追究刑事责任,予以刑事处罚。即使少量地非法持有或种植毒品原植物,按照我国《治安管理处罚法》的规定也应该予以治安处罚。

所以,在犯罪学意义上的毒品犯罪,包含着刑法意义上的毒品犯罪和治安管理处罚法中规定的涉及毒品的各种违法犯罪行为。

二、毒品犯罪的类型

根据我国刑法及禁毒法律法规的规定,毒品犯罪有以下类型。

(一)走私毒品罪

这是指违反毒品管制法规和海关法规,逃避海关监管,非法运输、携带、邮寄国家禁止毒品进出口国(边)境的行为。

(二)制造、贩卖、运输毒品罪

这是指非法制造、贩卖、运输毒品的行为。这种行为的主要特征是:制造、贩卖、运输的对象必须是毒品;客观上行为是非法的,违反了国家有关毒品的管制法规;主观上是故意的,而且行为人达到法定的刑事责任年龄,具有刑事责任能力。

(三)非法持有毒品罪

这是指违反国家有关毒品管制法规,持有毒品的数量较大的行为。

(四)包庇毒品犯罪分子罪

这是指明知是走私、贩卖、运输、制造毒品的犯罪分子,而向司法机关作假证明掩盖其罪行,或者帮助其消灭罪证,使其逃避法律制裁的行为。

(五)窝藏、转移、隐瞒毒品、毒赃罪

这是指明知是毒品或者毒品犯罪所得的财物,而为犯罪分子窝藏、转移、隐瞒的行为。

(六)走私制毒物品罪

这是指违反国家规定,非法运输、携带醋酸酐、乙醚、三氯甲烷或其他用于制造毒品的原样或者配剂进出国境的行为。

(七)非法买卖制毒品罪

这是指违反国家规定,在境内非法买卖醋酸酐、乙醚、三氯甲烷,或其他用于制造毒品的原料或配剂的行为。

(八)非法种植毒品原植物罪

这是指未经法定许可而私自种植古柯树、大麻、罂粟等原植物的行为。

（九）非法买卖、运输、携带、持有毒品原植物种子、幼苗罪

这是指非法买卖、运输、携带、持有未经灭活的罂粟等毒品原植物种子或幼苗的行为。

（十）引诱、教唆、欺骗他人吸毒罪

这是指向他人宣传吸食、注射毒品后的感受等方法，诱使并教唆他人吸食、注射毒品或隐瞒毒品真相，欺骗他人吸食、注射毒品的行为。

（十一）强迫他人吸毒罪

这是指违背他人意志，使用暴力、胁迫或者其他方法，迫使他人吸食、注射毒品的行为。

（十二）容留他人吸毒罪

这是指为他人吸食、注射毒品提供场所的行为。

（十三）非法提供麻醉药品、精神药品罪

这是指依法从事生产、运输、管理、使用国家规定管制的麻醉药品、精神药品的人员，向吸毒、注射毒品的人提供上述药品的行为。

三、毒品犯罪特点

毒品犯罪具有国际化、集团化、武装化和市场化等特点。

1. 毒品犯罪的国际化

在很多的毒品犯罪中，犯罪分子不仅有境外的成员，甚至还有跨国的组织机构，在有些地区，毒品犯罪活动从非法贩运到消费，已经形成了国际化的犯罪循环体系。

2. 毒品犯罪的集团化

在很多的毒品犯罪中，毒品犯罪分子结成集团、团伙，或境内外勾结，或跨省区勾结，长期经营，形成"产、供、销"一条龙的职业性贩毒体系。他们设有秘密联络点转手储存毒品，使用现代化通信工具相互联系，有专用车辆运输毒品，形成毒品交易网络。他们分工明确，组织严密，指挥有序，集团化特点十分明显。

3. 毒品犯罪的武装化

近几年来破获的毒品犯罪案件中，武装毒品犯罪的案件增多。有的犯罪集团甚至从国外购买枪支、弹药来武装自己。

4. 毒品犯罪的市场化

在毒品犯罪中，"以贩养吸"是相当一部分人维持吸毒的重要手段，他们在贩毒的过程中必然要发展新的吸毒成员，才能使自己获得吸毒资本。如此的恶性循环，使得毒品犯罪容易形成一种类似于市场化的隐蔽链条。

四、毒品犯罪的危害

毒品犯罪不仅直接危害吸毒者的身心健康,而且危害社会治安,影响社会经济的发展和社会进步。

(一)毒品是诱发犯罪的根源

吸毒成瘾的人易发生攻击性行为,例如杀人、抢劫等犯罪行为。据相关资料的统计,很多吸毒者为了获得毒资,同时还参与贩毒活动;相当一部分的女性吸毒者同时从事卖淫活动;男性吸毒者中的盗窃、抢劫、诈骗、敲诈勒索,甚至杀人等犯罪行为也较为常见。

(二)危害人的身体健康

医学研究认为,毒品对人体来说,最严重的是对神经系统、内分泌系统和免疫系统的危害。如长期吸食海洛因的人的瞳孔缩小,行动迟缓,口齿不清,呼吸困难,弱不禁风。若是长期大量吸食,还会导致整个神经系统受到抑制,引起呼吸衰竭而死亡。

(三)阻碍社会经济的发展和社会进步

吸毒的人增多,损害了他们的身心健康,使之丧失了劳动能力,进而影响了社会化生产。同时,毒品犯罪的蔓延,也常在一定范围内伴随着卖淫、嫖娼等社会丑恶现象的滋生,不利于精神文明建设,阻碍社会进步。

五、毒品犯罪的防治对策

毒品犯罪与吸毒现象一样,是一种多原因、多危害的社会"综合征",必须采取强有力的综合措施,最大限度地遏制毒品犯罪和吸毒现象的蔓延。在总的指导思想上,必须坚持打防结合,以防为主,重在治本的思想。具体的防治措施应着眼于立法、司法、禁毒教育、戒毒和国际合作等几个方面。

(一)完善禁毒司法制度

1. 禁毒机构的设置

在我国,由国家禁毒委员会领导、协调全国的禁毒工作。在地方,部分南方省市、区成立了省、直辖市、区一级的禁毒领导机构。为了加强和协调在毒品犯罪工作中的联系,可以考虑在适当的时候,在其他有条件的省、自治区、直辖市设立"禁毒委员会"或"禁毒领导小组",以加强在禁毒工作中的配合。

同时,要强化各级的缉毒机构,在这方面,不仅需要加强公安机关整体的缉毒机构建设,而且各地海关也可以建立自己的缉毒队伍。要完善和健全各类戒毒组织,这类组织应建立以政府设立的强制戒毒所为主,以民办自愿戒毒所和医院主办的戒毒所为辅的戒毒组织体系。各类戒毒组织要在当地党委和政府的统一领导下,由公安、民政、司法等部门协调配合,共同做好禁毒工作。

2. 禁毒法律的实施

进一步提高禁毒人员的政治和业务素质是有效实施禁毒法律的重要保证。禁毒工作是一项政策性、专业性和知识性很强的工作,因此,要提高禁毒人员的政治素质,增强他们的防腐防变的能力,以保证禁毒队伍的政治纯洁性;同时也要提高这支队伍的文化素质和业务能力,提高其战斗力。

(二)加强社会禁毒教育

大力加强禁毒宣传教育,使广大社会公民了解毒品给社会带来的危害,以提高其自身保护意识和社会责任,使其自愿抵制毒品,敢于揭发、检举毒品犯罪分子和吸毒人员。

此外,还要广泛地开展禁毒法制宣传教育,使广大群众了解国家和地方的禁毒法规和制度,以提高他们的法律意识。尤其还要加强对青少年的思想、道德、法制教育,使其对毒品及毒品犯罪有充分的认知,自主、自觉抵制相关行为。

(三)加强戒毒治疗

所谓戒毒治疗,是指采取医疗手段,帮助吸毒者戒掉毒瘾。对吸毒者除依法处罚外,还必须予以强制戒毒,进行治疗、教育和管理。在吸毒严重的地区,可以建立市、区、县、乡镇的戒毒所或药物依赖防治中心,一旦发现吸毒者,应尽量将其送往戒毒所进行强制治疗。

(四)加强国际间的反毒协作

同国际毒品犯罪做斗争,需要良好的国际协作。例如,积极、主动参加国际毒品问题的会议,了解国际反毒斗争的动态和经验;经常及时交换情报;派遣缉毒人员到国外有关机构培训,派遣驻外缉毒联络官参与交流;积极参加国际间的联合缉毒活动;争取国际援助,包括资金援助、免费培训缉毒官员和提供缉毒技术等。

第九章 传销型犯罪

第一节 传销型犯罪概述

一、传销型犯罪的概念

传销犯罪主要是指组织者或者经营者发展人员，通过对被发展人员以其直接或者间接发展的人员数量或者销售业绩为依据计算和给付报酬，或者要求被发展人员以交纳一定费用为条件取得加入资格等方式牟取非法利益，扰乱经济秩序，影响社会稳定的行为。

二、传销型犯罪的特征

（一）行为方式更隐蔽

目前的传销活动多存在于城乡接合部、居民小区或家属院内，改大规模聚集为小规模多点聚集。此类组织一般指定专人外出采购必要的生活用品，行动谨慎，行踪不定。传销组织往往将参加者带往异地从事非法传销活动，实行集中居住和管理，管理手段严密。传销组织者对参加人员实行严密的人身控制，由组织者统一安排活动，参加人员同吃同住同上课。组织者对其成员实行 24 小时监控，隔绝其与外界的联系。为防止暴露目标，传销组织上下线之间往往秘密联系、单线联系，以各种绰号代替姓名，交易方式也以现金为主。

（二）犯罪手段更隐蔽、更有欺骗性

当前，传销花样不断翻新，"消费联盟""连锁加盟""互动式营销""全球得利计划""网络营销"等形式相继出现，不法分子大肆鼓吹传销行为是所谓"21 世纪最具潜力及效益之革命性行销方式"，声称此种营销模式投资定额，而收益无限，其目的就是不断地扶持和发展"下线"。这种模式很容易使一些致富心切的群众上当受骗。非法传销组织的头目对非法传销人员的培训，已经形成一整套诈骗理论，受骗者一旦加入团队，很多时候会对其深信不疑。

（三）参与人员成分更为复杂

在有些地区的非法传销活动已渗透到各行各业和不同年龄、不同学历层次的人群中，甚至不乏高学历人群。

（四）犯罪后果更严重，更容易导致恶性循环

在加入非法传销组织后，很多人即使发现这其实是一种骗局，但由于自己已被欺骗，为了"捞本"，他们会千方百计欺骗亲朋好友参与非法传销。如此恶性循环，导致非法传销组织如滚雪球般越滚越大。

三、传销型犯罪的相关法律

1997 年，由国家工商总局发布了《传销管理办法》，其中对传销的定义是：传销是生产企业不通过店铺销售，而由传销员将本企业的产品直接销售给消费者的经营方式。

《传销管理办法》是我国第一次以部门规章的形式给予传销合法的地位，同时对传销企业的设立运作、传销员的资格和管理作了严格的限制，并且有一些法律责任条款保证对传销活动的监控。但是，《传销管理办法》并没能够防止非法传销，非法传销一度成为谋取非法暴利的工具。甚至出现了危害社会稳定的事件。

于是，在 1998 年 4 月 18 日，国务院发布了《关于全面禁止传销经营活动的通知》，规定"自本通知发布之日起，应一律立即停止传销经营活动"，《传销管理办法》同时失效。

1998 年 6 月 18 日，在国家禁止传销整整两个月之后，对外贸易经济合作部、国家工商行政管理局、国家国内贸易部出台了《关于外商投资传销企业转变销售方式有关问题的通知》，规定"外商投资传销企业必须转为店铺经营"，促使十余家外资企业转型经营。也就是说，自 1998 年 6 月 18 日起，中国市场上就没有了严格意义上的直销或传销企业，这些企业开始向传统销售方式转型。

1998 年 6 月 18 日，国家三部委（对外贸易经济合作部、国家工商行政管理局、国家国内贸易部）发出《关于外商投资传销企业转变销售方式有关问题的通知》，明文规定："外商投资传销企业必须转为'店铺＋雇用人员推销'的运作模式"，并批准了十余家外商投资直销企业转型经营。

2001 年，我国加入世界贸易组织。中国政府承诺：以商业方式存在的无固定地点批发或者零售服务（包括传销）在入世 3 年后逐步取消限制。

然而，2003 年前后，一些中小传销企业重新露头，个别大企业也逐渐涉足传销领域。这就迫切需要立法加以规范和约束。

2005 年 9 月 1 日，涉及《直销法》的两部核心条例《直销管理条例》和《禁止传销条例》正式出台。《禁止传销条例》于 2005 年 11 月 1 日生效，《直销管理条例》于 2005 年 12 月 1 日生效。

当然,非法传销不可能因为《直销管理条例》的出台而彻底消失,有些是貌似"合法直销",实则为变相的"非法传销",所以很有必要对二者进行区别。

"合法直销"与"非法传销"之间存在五个方面的主要区别。

1. 有无"入门费"

合法直销没有入门费;而非法传销则有相对较高的入门费。

2. 有无依托的优质产品

合法直销企业的产品标价是物有所值的;而非法传销公司往往依托的产品是无价值但价格高的产品,有的公司一套价值仅几十元钱的化妆品可以标价为几百甚至上千元。

3. 产品是否在市场上流通

合法直销企业产品的流通渠道,是由生产厂家通过营销代表交到顾客手中的,中间没有其他的环节;而非法传销企业让入门的所有销售代表都认购其产品,但其产品不在市场上流通,只是作为拉进下一个销售人员的样本或宣传品。

4. 有无退货保障制度

合法直销企业都会为顾客提供完善的退货保障制度;而非法传销公司的产品一旦销售就无法退换,或者想方设法给顾客退货设置障碍。

5. 销售人员的结构上有无超越性

合法直销企业中无论参加者加入先后,在收益上都表现为"多劳多得";而非法传销公司,在其销售人员的结构上往往呈现为"金字塔"式,谁先加入谁级别居上,同时先参加者从发展下线成员所交纳的"入门费"中获取收益,且收益的数额由其加入的先后顺序决定,其结果是先加入者永远领先于后加入者。

【关于非法传销在刑法上如何定性?】

依据2001年《最高人民法院关于情节严重的传销或者变相传销行为如何定性问题的批复》,对于1998年4月18日国务院《关于禁止传销经营活动的通知》发布以后,仍然从事传销或者变相传销活动,扰乱市场秩序,情节严重的,应当依照《刑法》第225条的规定,以非法经营罪定罪处罚。

《刑法》第225条:违反国家规定,有下列非法经营行为之一,扰乱市场秩序,情节严重的,处5年以下有期徒刑或者拘役,并处或者单处违法所得1倍以上5倍以下罚金;情节特别严重的,处5年以上有期徒刑,并处违法所得1倍以上5倍以下罚金或者没收财产:

(1)未经许可经营法律、行政法规规定的专营、专卖物品或者其他限制买卖的物品的;

(2)买卖进出口许可证、进出口原产地证明以及其他法律、行政法规规定的经营许可证或者批准文件的;

(3)其他严重扰乱市场秩序的非法经营行为。

◈ **立法动态解读**

《刑法修正案(七)》(2009 年 2 月 28 日通过)

四、在《刑法》第 224 条后增加一条,作为第 224 条之一:"组织、领导以推销商品、提供服务等经营活动为名,要求参加者以缴纳费用或者购买商品、服务等方式获得加入资格,并按照一定顺序组成层级,直接或者间接以发展人员的数量作为计酬或者返利依据,引诱、胁迫参加者继续发展他人参加,骗取财物,扰乱经济社会秩序的传销活动的,处 5 年以下有期徒刑或者拘役,并处罚金;情节严重的,处 5 年以上有期徒刑,并处罚金。"

本条罪名即"组织、领导传销活动罪"。

第二节　传销犯罪的危害性、原因分析及预防对策

一、非法传销犯罪的危害性

传销犯罪不仅严重扰乱社会正常的经济秩序,而且严重危害社会稳定,对商业诚信体系和社会伦理道德体系也造成了巨大破坏。

(一)扰乱市场经济秩序

传销和变相传销违法活动往往伴随着偷税漏税、制假售假、走私贩私、非法集资、非法买卖外汇等大量违法行为,不仅违反国家禁止传销和变相传销的规定,还违反了税收、消费者保护、市场秩序管理、金融、外汇管理等多项法律规定。

(二)给参与者及其家庭造成伤害

传销和变相传销给参与者造成经济损失的同时,也给其家庭也造成巨大伤害。

(三)引发刑事犯罪,给社会稳定带来危害

传销使得绝大多数参加者血本无归,一些人员流落异地,生活悲惨,甚至轻生;还有一部分人员参与偷盗、抢劫、聚众闹事等违法行为,给人民生命财产安全和社会稳定造成严重侵害。

(四)对社会道德、诚信体系造成巨大破坏

由于传销人员发展对象多为参与者的亲朋好友,其不择手段的欺诈方法,导致人们之间信任度严重下降,有些案件甚至引发了亲友反目、家破人亡的后果。

二、传销犯罪的主要原因分析

为什么被称为"经济邪教"的传销犯罪总是有人参与其中,而且屡禁不止呢?

近年来,有些人因受骗加入非法传销组织而付出了惨痛的代价,有人甚至付出了生

命的代价。

根据实际案例来概括分析,引发传销案件的主要原因有如下几个方面。

第一,存在认识上的错误。很多人对非法传销和合法直销的区别还不是很清楚。非法传销组织会编制一套理论,曲解国家有关直销的法律。一些人在加入非法传销组织之初可能感觉到是非法传销,但是由于对非法传销和合法直销的区别不是很了解,加上经过传销分子的"授课"洗脑后,在他们的头脑中就形成这样一种概念:"这就是直销,是合法的,不是非法传销"。

第二,宣扬"致富梦想"是传销组织促使新人迅速加入的一个重要手段。非法传销组织一般制定有貌似公平且吸引力很强的"高额返利计划"。在非法传销人员的鼓吹下,很容易使人产生投资欲望,从而轻率加入非法传销组织。

第三,就业压力也为非法传销活动的猖獗提供了机会。非法传销组织利用某些人就业难的困境,以"高收入"为诱饵,骗取许多找不到理想工作的人加入非法传销组织。

三、传销犯罪的预防对策

(一) 以人为本

法律的根本的目的不是惩罚,而是预防。在惩治、预防传销犯罪的过程中,更应注意对犯罪嫌疑人、被告人的人文关怀。因非法传销而触犯刑法的犯罪嫌疑人,往往深受非法传销组织"洗脑"的影响,通常对执法人员有一定的抵触情绪,这就要求执法人员更注意对犯罪嫌疑人、被告人教育的方式方法,帮助其树立正确的人生观、价值观,避免有关犯罪的再次发生。

(二) 加强有针对性的法制宣传教育

针对非法传销型犯罪的特点、惯用手段等进行法制宣传,为广大人民群众敲响警钟。

传销人员往往利用部分人民群众相对欠缺的社会经验或是经济上的紧迫性,所以即将步入或刚步入社会的大学生和外地务工人员是非法传销类犯罪的主要被害人。对此,可以通过在学校举办讲座,在街道发传单等形式进行法制宣传,提高人民群众的预防能力,在源头上降低非法传销型犯罪的概率。

(三) 加强对民房租赁及流动人口的管理

非法传销组织多以城市郊区、农村的民房作为传销窝点。对提供场地、出租房屋给非法传销活动的单位和个人,如明知在其提供的场所从事传销违法犯罪活动的,应依据《治安管理处罚法》等法规进行处罚;对在查禁工作中向非法传销人员通风报信、编造谎言欺骗执法人员、以暴力或暴力威胁阻碍查禁的,可按窝藏、包庇,妨害公务追究场所提供者法律责任;并加大人口普查力度,详细了解外地人口的流动情况。

第十章　女性犯罪

第一节　女性犯罪概述

一、女性犯罪的概念

关于女性犯罪的概念,归纳起来,理论界主要有三种不同的观点。

一是从刑法学的角度进行表述,将女性犯罪视为刑事犯罪类型之一;二是从犯罪学的角度进行表述,将女性犯罪视为违法与犯罪的类型之一;三是从女性的性别特点出发,认为女性犯罪是以女性性别特征为标准而划分的一种犯罪。

本书认为,第一种观点就犯罪学的学科研究领域而言过于狭窄;第二种观点则忽略了女性犯罪区别于其他犯罪类型的特有性别特征;第三种观点将女性犯罪仅限于基于女性性别特征的犯罪类型,显得以偏概全。

本书认为,理解女性犯罪的概念,应注意以下三个方面的内容。

1. 女性犯罪的范围不应仅仅限于违反刑法的行为,而应该与犯罪学中的犯罪概念的理解相一致

女性犯罪不仅包括违反刑事法律规定的犯罪行为,而且包括其他违法行为,如吸毒,还包括社会病态行为,如卖淫。这是由犯罪学与刑法学研究的不同目的所决定的。

2. 女性犯罪应该以女性常见的普通犯罪及新的犯罪趋势为研究内容

研究女性犯罪,应以女性常见的一般犯罪为主要内容。对于一些不常见的或由于其他因素的影响而形成的女性犯罪,不应作为女性犯罪研究的主要内容,如间谍犯罪主体中有一部分为女性。这类犯罪涉及的政治性因素远远超出了法律层面及社会伦理层面的因素。特别是在犯罪预防的手段上不是普通的社会预防手段所能够触及的,需要专门研究。

新产生的犯罪往往代表着犯罪的演化趋势,作为犯罪学的研究对象的女性犯罪,也要对各种新的犯罪现象保持必要的关注。随着妇女越来越多地融入社会,一些经济类犯罪如贪污受贿犯罪等原来很少有女性涉及的犯罪目前也呈现出上升趋势。了解这一现实情况并对其加以研究,就是犯罪学与时俱进的应有之义。

3. 女性犯罪应以反映女性特有特征的犯罪为主要研究对象

女性特有的特性,主要体现以性别这一生理特征为基础而演化出来的其他特征。

二、女性犯罪的特征

（一）传统女性犯罪的特征

1. 从属性

在传统的女性犯罪中，从属性仍是其最突出的表现。从属性，主要是从女性在实施犯罪过程中的地位和作用而言的，它主要体现在女性犯罪的依附性、附属性和随从性上。从女性在犯罪过程中所起的作用看，主要是作为男性正犯的共谋犯、帮助犯及事后的包庇犯、窝藏及销赃犯等。女性犯罪的从属性，有其特殊的生物学和社会学上的原因。

首先，从生理上决定了女性在性格上与男性存在较大差别，温顺、胆小等性格造成了女性有依附于男性，缺乏主动性的特点。其次，从社会学角度来看，由传统习惯形成的男性与女性不同的社会地位，对女性性格及行为方式往往具有决定性的影响。一般来说，传统意义上，人们习惯于把男性看作生活中的强者，处于指导者和支配者的地位，而女性则被视为弱者而处于从属地位，受这种环境的支配，女性在犯罪方面往往成为男性犯罪的同案犯。

例如：一位女性与其男友共同贩毒，在被捕前，她也曾劝阻其男友不要贩毒，但其男友说："不该你管的你不要管，不该你问的你不要问。"她就不再过问与劝阻，只是默默地帮助其男友分毒品装袋，甚至携带毒品随其男友从事贩毒行为，直至最后被公安机关抓获。大量的女性犯罪案件表明，从属性是女性犯罪中最常见的，也是最主要的特征。

2. 暴发性

与男性相比，很多女性在性格上往往表现为顺从、犹豫、软弱等特征。即使某些女性的忍耐力很强，但由于长期的忍让、顺从而形成抑郁性格的女性，情感往往会突然地暴发出来以至于犯罪。有些女性长期处于过度紧张的状态中，直到某个微小的事端成为契机，突破了紧张的界限，便突发性地达到了犯罪的境地。

比如，在一些男主女辅的农村家庭中，女性更容易成为男性支配的对象。也正因为如此，在一些有家庭暴力的家庭中，长期忍耐的女性也会因为反抗男性压迫而杀害丈夫。

此外，心理学研究显示，女性受环境影响和支配的程度要高于男性，因而女性的感情也比男性更为脆弱，容易产生激情犯罪。而极端情绪消散后，女性悔悟的过程也比较迅速。

3. 情感性

情感在女性的心理活动中往往比理智更为重要，在心理情感的支配下，女性往往会由自己的感情所支配而作出越轨行为。

【典型教学案例】

刘家兄妹曾经是父母的骄傲，妹妹刘艳不但长得漂亮，学习也很好，大学毕业后到了银行工作；她的哥哥刘江虽然只有高中文化，却非常聪明，经营着一家公司。兄妹二人自小感情很好,刘艳一直很崇拜哥哥,刘江精通股票,在上海炒股赚了不少钱。

然而股市风云是变幻莫测的,1995年,刘江在股市上赔了钱,万般无奈下,他想到了求妹妹帮助他摆脱困境。刘江一再恳求妹妹,刘艳很矛盾,从理智上而言,她不能够做违法的事情,可是从情感上来讲,她又不能眼看着哥哥陷于困境不管。左思右想后,刘艳决定冒一回险。

1995年1月,刘艳经人介绍,以银行吸收存款的名义,从某国家机关取回了一张2000万元的支票。刘艳拿到这笔钱后并没有划入银行账号,而是转入了刘江在上海注册的公司里。凭借这笔巨款,刘江很快便挽回了损失。渐渐地,刘江的账号上已经有了盈余。兄妹二人欣喜若狂。

这时,2000万元的还款日期快到了,刘艳便催促刘江还钱,然而,贪欲膨胀的刘江总是推说再等等,看到股市上的钱像滚雪球一般越聚越多,刘艳也有些昏头了,也不再催促了,反而又借给了刘江2000万元。

在股市上操纵着近4000万元的资金,刘江如鱼得水。不到两年时间,刘江的个人账号上的资金已经到了上亿元。看着哥哥挣了大钱,刘艳很美慕,1996年,刘艳又以办理吸收存款为名,先后3次将3100万元划入自己名下,用于股票交易并从中谋利。

这兄妹俩也曾经想过及时收手,将刘艳挪用的公款补上。然而,由于贪钱心切,他们停不下来。最终事情败露了。刘艳因挪用公款受到了应有的惩罚。

在女性的情感型犯罪中,犯罪人往往很少考虑到其行为的后果,有的虽然想到了其行为可能发生的后果,但因为强烈的情感驱使,使之形成一种牺牲心理,于是不顾一切地去实行犯罪行为。所以,此类犯罪也被称为牺牲性犯罪。

4. 隐蔽性、欺骗性

女性由于性格特点所决定,心思细密,往往在行动上更加谨慎,因而在犯罪中,往往体现出更多的隐蔽性、欺骗性等特点。

(二) 现代女性犯罪的特征

随着女性参与社会活动的增多,女性的自我意识、独立性也大大增强。这也使得现代型女性犯罪带有新的特征。

1. 冷漠

同传统型女性较强的情感依附不同,现代社会中的女性大多具有独立的意识,在经济生活中也不再过分依赖男性。可以说,这是女性进步的一种表现。但是现代女性强烈的独立意识也往往带来一些弊病,如人与人之间缺乏沟通、了解,较多地出现了利己主义。有些情况下,这些情感发展至极端,就容易形成极其淡漠、对他人毫不在乎的心理。

2. 自私

冷漠与自私是一对相伴而生的情感因素,冷漠的人往往也极端自私,但自私的人外表却不一定表现为冷漠,这也是将二者分开来的原因之一。

自私的女性犯罪者大多是极端的个人主义者,为了自我欲望的满足,她们可以作出任何事。

例如,有一位女性,自幼家境贫困,她立志成才争气。通过自学,她取得了会计大专文凭,从一名洗衣工当上了会计,后来又成为单位的业务骨干。在苦干了多年后,单位有意向让她担任更加重要的职位,但是在正式任命时却落空了,她的心理极为不平衡,于是便把生活目的转向了金钱。此后,她违反财务规定,将固定资金私自借贷给别人使用,自己从中得利,结果最终走向了犯罪的深渊。

此外,近年来的数据显示,女性犯罪在年龄、职业结构、犯罪类型、犯罪方式上也都呈现出了一些新的特点。

1. 年龄结构

从女性犯罪的年龄结构来看,18 周岁到 35 周岁的女性占绝大多数。

2. 文化结构

当前,女性犯罪者文化程度普遍较低,文盲、半文盲占大多数。

3. 职业结构

女性犯罪人员的职业,以农民、工人、社会闲散人员为主,干部、知识分子、学生等比例较低。

【典型教学案例】

34 岁的张某一直无业,离异后和孩子一起生活,家里还有一个患病的老父亲。2001 年 8 月 28 日,张某持一张假身份证到某私人性质的家政公司登记后,很快来到侯女士家做保姆。张某认为,请得起保姆的人家都是有钱人,在潜意识里,她对雇主有一种敌意。一天,张某趁女主人下楼时,将其放在客厅皮包内的 9700 元现金及一部手机偷走,后被女主人发现并报案。

4. 犯罪方式

一般来说,女性犯罪以非暴力性为主。但是,值得注意的是,近年来,女性暴力犯罪也有增长趋势,甚至出现低龄化趋势。

三、女性犯罪的状况与发展趋势

女性犯罪经历了一个由少到多,由传统型向现代型演化的过程。从整体趋势来看,女性犯罪的人数正在逐年增长,而且增长率大大高于同期的男性犯罪的增长率。

对于数据统计上的增长,应客观、辩证地看待。

首先,统计数据只是表明增长的相对数,而不是绝对数。男女犯罪率的增长比率是以各自的犯罪基数为基点计算的。在我国乃至世界范围内,男性犯罪始终占据相当大的比例。

同男性犯罪相比,女性犯罪者的绝对数量还是较低的,目前女性犯罪率虽然上升较快,但其是基于本身的基数而增长的,因为基数较小,所以即使增长率很高,犯罪的绝对数也仍是有限的;相反,近年来,男性犯罪的增长率虽不及女性犯罪,但因为男性犯罪的基数较大,所以很小的增长率,其背后往往是较为庞大的数字,可以说,与同期增加的男性犯罪相比,女性犯罪在数量上仍只占一小部分。

其次,就自身增长的趋势来看,女性犯罪的数量的确较之从前大大增加了。其中需要注意两方面的因素。

一方面,就世界范围来看,各国的犯罪数量都有所增长,女性犯罪作为总体犯罪的一部分,其增长很大程度上是犯罪总量增长的一个附属品。因此,不能将女性犯罪的增长作为一种社会畸形发展的问题来看待,而应从总体犯罪增长中找出女性犯罪率增加的部分原因。

另一方面,女性犯罪率的增长,也是女性社会化的必然产物。所谓社会化,是指个人一生中与他人及社会的接触和互动中,形成个性,获得并履行社会行为规范及社会角色,以不断适应和参与社会生活的过程。而女性社会化的过程也是女性不断由传统走向现代,成为现代女性的过程。

在历史上,女性一向被视为弱者,女性的社会地位同男性相比有很大差距。过去由于长时期受到家庭及传统的束缚,女性很少有接触社会的机会,在多数情况下,女性更易成为受害者,而不是加害者。但是,随着社会的现代化进程的加快,女权运动的发展及女性社会地位的提高,女性犯罪数量也同步增长。

女性犯罪作为犯罪现象中的一种,是非正常社会行为中的一种现象而已。但是,犯罪毕竟是社会的一种非常态现象,它使社会利益及个人权益都受到了损害。因此,犯罪学领域丝毫不能放松对于女性犯罪的研究。

第二节 女性犯罪的原因分析及预防对策

一、女性犯罪的原因

对于女性犯罪的原因分析,可以从具体的犯罪类型、犯罪者职业结构、犯罪者年龄结构展开。

(一) 女性家庭暴力犯罪的原因

这类女性犯罪往往是由于长期受到家庭成员的虐待,心理长期处于抑郁状态,在偶然事件的触动下爆发出强烈的报复欲。传统型女性,由于受到传统伦理观念的影响,心理上的忍受能力很强,即使在成为虐待或侮辱行为的受害者的情况下,也往往忍气吞声。但人的忍耐总是有极限的,一旦其心理发生转化,报复心理就会一触即发,爆发出来。

另一类家庭暴力犯罪则表现为经过事先周密计划,有一定隐蔽性的犯罪,如妻子伙同情人将丈夫杀死等犯罪。这类犯罪在女性暴力犯罪中也占有一定的比例。

(二)失业女性犯罪的原因

对于失业女性来说,由于生理上的原因,在自由竞争的市场中常常处于劣势,在市场上缺乏竞争力。加上部分女性择业观念落后、守旧,难以找到适合自己的工作,以致最终走上了盗窃、抢劫等犯罪的道路。

(三)女性进城务工人员犯罪的原因

女性进城务工人员进入城市后,一方面,她们接受了大城市的生活节奏和现代化气息,不愿再回到农村务农;而另一方面,她们难以在大城市长期立足,有时候,还会受到排挤和歧视。在这种矛盾心理的影响下,一些女性往往心态失衡,为了改善自己的处境而不择手段,甘冒风险,从事违法犯罪活动。

(四)白领女性犯罪的原因

随着女性在社会生活中地位的提高,白领女性的犯罪数量也在逐渐增多,成为女性犯罪的新类型。

一般而言,白领女性犯罪主要表现为贪污贿赂、挪用公款、诈骗等犯罪。

白领女性犯罪的原因主要有以下几方面。

1. 女性的群体内耗

群体内耗,表现为女性之间的彼此抑制状态。许多白领女性步入社会后,期待地位和机会均等,同一公司、企业的女性之间往往明争暗斗,以至于发展到极端,导致侮辱、诽谤、中伤甚至伤害行为的发生。

2. 社会期待的压力

白领女性能够突破传统的男性占绝对优势局面,其自身必然具备一定的素质与能力。但是在社会竞争日趋激烈的压力下,也有一些心态失衡的女性形成了适者生存、恃强凌弱,为达目的不择手段的心态。

3. 由于极端的独立性而导致冷漠、自私,在竞争中不择手段

这主要表现在一些职场女性在职业竞争中会采取一些非正当的手段而达到胜出的目的,如恶意陷害自己的竞争对手,等等。

(五)少女犯罪的原因

目前,我国女性犯罪中的低龄化趋势让人担忧。在女性青少年犯罪的案件中,家庭关系紧张,父母教育缺位,学校教育方式不当等原因往往成为引发低龄女性犯的诱因。

二、女性犯罪的预防对策

对于女性犯罪预防的探讨应从两个方面进行:一是从预防社会上一般的女性犯罪出

发,做好社会预防工作;二是从防止女性犯罪人再犯出发,做好改造工作。

（一）预防女性犯罪的措施

具体而言,可以从这些方面做好女性犯罪的预防工作:完善针对女性的教育机制;改善社会环境,截塞引发女性犯罪的漏洞;改善家庭环境为女性创造良好的生存空间;加强对女性的健康保护;完善就业政策,增加女性的就业机会。

（二）改造女性犯罪人

在女性犯罪人的改造方面,应注意分别教育,对症下药。对于目前正在关押的女性少年犯,可以根据她们实际的表现与条件,采取试工试读;对于刑满释放的人员,尽快处理好女性犯人的婚姻、家庭和其出狱后的生活来源问题,防止其重新犯罪。

第十一章　暴力犯罪

第一节　暴力犯罪概述

一、暴力犯罪的概念

暴力犯罪是指采用暴力或以暴力相威胁,侵犯他人人身权利或财产权利的极端攻击性行为。

如杀人罪、伤害罪、强奸罪和抢劫罪通常被认为是暴力犯罪的典型形态。

暴力犯罪是最古老、原始的犯罪类型之一。暴力犯罪一般表现为犯罪人与被害人之间面对面的冲突与对抗,因而又称面对面的暴力犯罪,这些犯罪大多是凭借体力和工具实施的。因此,尽管现代暴力犯罪日益表现出智能化趋势,习惯上却仍被称为体力犯罪。

犯罪学研究已表明,尽管经济犯罪的危害远大于财产犯罪和暴力犯罪所造成的危害的总和,但在社会公众看来,暴力犯罪是最令人感到恐惧的犯罪。也即人们对犯罪的恐惧感,主要来自暴力犯罪。研究表明,由暴力犯罪造成的心理创伤或恐惧,在肉体创伤痊愈以后仍要持续数月、数年乃至终生。通常人们所说的“犯罪问题”,在很大程度上是指暴力犯罪问题。

二、暴力犯罪的特点

近年来,暴力犯罪主要呈现出如下一些特点。

(1)从行为本身来说,暴力犯罪一般具有突发性、残酷性、冒险性等特点。暴力犯罪的作案手段和工具一般比较简单、原始,例如杀人一般是使用棍棒、砖石、刀斧、匕首等钝器或锐器,或采用拳击、卡喉、溺死、投毒等方式。但是近年来,暴力犯罪的智能化趋势日渐明显,越来越多的暴力犯罪中融入了现代技术的因素。

(2)从类型来看,杀人、伤害、强奸等传统类型一直存在,抢劫银行、抢劫枪支弹药、爆炸等新的犯罪类型也未完全消失,直接指向社会进行报复、泄愤的暴力犯罪时有发生。

(3)从分布来看,杀人、强奸行为的发案率,农村高于城市,而斗殴行为的案发率则城市高于农村。抢劫主要发生于城市近郊。从作案的具体场所来看,杀人和强奸案件发生在犯罪人或被害人住所及其附近地域的占有一定比例。

（4）从犯罪人来看，暴力犯罪在绝对数上男性多于女性，这主要是由于男性的生理特征决定的。

（5）从犯罪人与被害人的关系来看。杀人、伤害和强奸罪的被害人中与犯罪人彼此熟悉或相识的占有一定比例。抢劫罪中则一般不带有这一特征。

第二节　暴力犯罪的原因分析及预防对策

一、暴力犯罪的原因分析

（一）暴力犯罪的发生机制

有犯罪学者认为，暴力犯罪的发生遵循"压抑—诱发"这样一个基本模型。具体描述为：种种因素造成了个体需要的压抑，于是产生了严重的心理挫折与冲突，当遇到一定的外界刺激之后，个体心理的挫折与冲突便外化为攻击性行为，即暴力犯罪。

由此可见，暴力犯罪的原因实际上包含三个层次：作为一个完整过程的"压抑—诱发"模型；造成需要压抑的种种因素；直接诱发暴力行为的种种临机或情境因素。可以把后两个层次合称为暴力犯罪的"诱因"。我们可以把第一个层次理解为是自明的，那么，剩下来的问题就是寻找未知的诱因。

"压抑—诱发"模型是把人作为有理性的社会性动物来考察的，既不否认人的某种生物性因素对暴力犯罪的影响，又不从人的天性中去寻求解释；既承认外界刺激的作用，也承认人对一定刺激的认知与选择。

（二）暴力犯罪发生的诱因

1. 不良的生活背景

这种不良的生活背景主要是指压抑个性、妨碍人格正常形成和发展的生活经历和环境，如贫困、缺乏母爱的人生早期经验，缺乏理解与友爱的人际关系等。在这种不良生活背景之下，极易形成一种反社会人格。尽管这种不良生活背景是作为人的生存环境因素而发生影响的，但它常常是社会矛盾的折射。研究表明，一个在非暴力环境下成长的少年，比在充满暴力的环境下成长的少年更少具有暴力倾向。

2. 民事纠纷

民事纠纷常常作为一种强刺激因素而导致杀人、伤害等犯罪行为的发生。当纠纷中有过错一方未受到应有的批评与处理，而无过错一方亦未得到适当的救济抚慰时，后者可能采取过激行为用以泄愤报复。如果纠纷中的一方或双方心胸狭窄，报复心重，则更易发生杀人、伤害或其他攻击性行为。

3. 婚恋挫折

婚恋的挫折常常导致厌世、自杀或伤害他人的行为。

4. 暴力渲染

心理学研究认为,暴力渲染具有一种心理暗示作用,看到过别人实施攻击性行为的儿童或成人,比没有看到过的人更易采取攻击性行为,并且这种攻击行为具有较大的强度。如果一个人在某种场合下被激怒,那么,暗示的影响就会被激发出来。因此,报刊、影视、网络对暴力事件的过度宣传报道,即使其并无意于教唆人去实施暴力行为,实际上也会起着对暴力犯罪的渲染作用。

5. 被害人的作用

对社会上的犯罪所进行的任何意义的研究,都必须把对受害者和犯罪人的分析包括在内。在某些特定的罪行中,罪犯与受害者,有罪一方和无辜者之间,很难从法律上划清一条界线。这特别适用于某些暴力犯罪。

暴力犯罪常常是在被害人与犯罪人的互动中发生的。个人品德不端、生活作风不良,首先实施挑衅行为等,往往成为个人被害的诱发因素。通常人们认为被害人只是犯罪行为的被承受者,在暴力犯罪中则远非如此。首先,暴力犯罪人与被害人之间通常具有相似或相同的社会特征,比如属于同一个种族,具有相同的社会地位。其次,犯罪人与被害人之间先前可能具有某种关系,如亲友、邻居、相识等。最后,有些暴力犯罪则是被害人激起的。因此,暴力犯罪也常常是熟人之间的犯罪。

6. 暴力犯罪人的个体缺陷

暴力犯罪人一般具有如下心理特征:易冲动,缺乏意志力;性格孤僻、心胸狭窄、自卑感强、疑心重,报复心强;虚荣好胜,以自我为中心;受教育程度低。这些个体的缺陷,降低了人的自我控制能力,而加大了对不良刺激的反应强度。

二、暴力犯罪的预防对策

(一) 加强社会调节,解决社会问题,缓解社会矛盾

运用社会政策,加强社会调节,以克服文化和经济方面的种种矛盾,解决各种社会问题,是预防暴力犯罪的基本环节。这些方面的措施具体包括:切实解决工资、物价、交通、住房、就业等社会问题;公平调整不同利益阶层的权利和利益分配;等等。

(二) 加强道德教育和法制教育

加强道德和法制教育,对于培养健全的人格和自我控制能力具有重要作用,它能够促使人以正确的态度和方法,处理恋爱、婚姻、家庭问题以及各种人际关系。

(三) 公平、合理解决民事纠纷,防止矛盾激化

对民事纠纷做好疏导、教育、管理等工作。健全居委会(村委会)、调解委员会、治安保卫委员会等群众组织,公平、合理解决民事纠纷。

（四）加强对新闻媒介和文化市场的管理，杜绝暴力渲染

把好书刊、影视出版作品的审批关。在正面的宣传、报道中，也应充分估计到可能引起的社会心理效应，不要过多描述暴力犯罪的作案情节。

（五）积极开展被害人学研究，采取必要的预防被害措施

比如教育公民自重自爱，提高自我防护意识，减少被害的可能。

（六）发挥司法机关的积极作用，加强社会治安管理，打击暴力犯罪行为

建立健全暴力犯罪的信息网络和报警系统，及时了解和掌握暴力犯罪的动向，做到信息畅通。比如某市是这样做的：一是在市公安局建立情报信息中枢，并确定由一名副局长具体负责；二是建立和疏通各种情报渠道，全市各派出所和保卫科、股都确定一名副职专抓情报工作；三是在每个街道居委会、乡、村和复杂公共场所各设一名情报员；四是充分发挥特情耳目的作用；五是动员干警把预防恶性案件作为自己的职责，注意收集情报，及时报告。

（七）对精神病患者要加强治疗和管理

对精神病患者加强治疗和管理的目的，在于防止他们给社会治安造成危害；对心理变态者，要加强教育、劝导、管理和治疗，矫正其不正常的心理结构，使其重新适应社会。

第十二章　未成年人犯罪

第一节　未成年人犯罪概述

一、未成年人犯罪的概念

未成年人犯罪，又称为少年犯罪，是相对于成年人犯罪而言的。未成年人犯罪的概念有广义和狭义之分。

广义的未成年人犯罪概念不仅包括未成年主体所实施的触犯刑律的犯罪行为，还包括某些触犯治安管理法规的行为。犯罪学对于未成年人犯罪的研究主要是从广义而言的。

狭义的未成年人犯罪概念是指未成年人所实施的危害社会并依法应受刑罚处罚的行为。

在我国，根据《宪法》《未成年人保护法》和《刑法》的有关规定，未成年人应是指未满18周岁的公民；未成年人犯罪是指已满14周岁未满18周岁的未成年人实施的危害社会并应受刑罚处罚的行为。

依据我国《刑法》的规定，不满14周岁的未成年人为不负刑事责任的人；已满14周岁未满16周岁的未成年人为相对负刑事责任的人；已满14周岁不满18周岁的人的犯罪，应当从轻或者减轻处罚；犯罪的时候不满18周岁的人不适用死刑。

我国对于实施了犯罪的未成年人，作出的有别于犯罪成年人的专门规定，充分体现了党和国家对犯了罪的未成年人所一贯坚持以教育为主、惩罚为辅的政策主张和教育、挽救、改造的方针，反映了对未成年人的特殊保护。

二、未成年人犯罪的特点及发展趋势

（一）犯罪主体呈现"六多"的特点

从未成年人犯罪主体的受教育程度、年龄、性别等构成情况来看，未成年人犯罪主要有如下特点。

一是受教育程度低得多。在未成年犯罪成员中，大多数人文化知识结构有缺陷，整体文化层次较低。

二是低龄主体有增多趋势。从未成年犯罪主体的年龄情况来看,违法犯罪人员有低龄化发展倾向。

三是女性未成年人违法犯罪开始增多。女性未成年人违法犯罪的绝对数以及在整个未成年人犯罪中的比例在逐渐增加,这与世界其他国家、地区的女性犯罪尤其是女性青少年犯罪激增的现象与发展趋势基本一致。

四是独生子女犯罪的增多,这与独生子女的成长环境密切相关。

五是无业和辍学少年、在校生违法犯罪呈现上升趋势。

六是再次违法犯罪的增多。近年来,未成年犯罪主体中,"二进宫""三进宫"的惯犯、累犯逐渐增多。

(二)未成年人团伙犯罪现象严重

近年来,未成年人采取团伙形式作案的越来越突出,并有向专业化方向发展的趋势,如有的已形成专门化的盗窃团伙、抢劫团伙等。其中以抢劫为核心的少年犯罪团伙呈直线上升趋势。

由于未成年人缺乏足够的体力、智力,故单独作大案的较少,而结成团伙作案,可以减少作案阻力,使犯罪易于得逞,因而采取团伙形式违法犯罪的未成年人有增多趋势。

(三)犯罪手段日趋成人化、智能化

随着科学技术的迅猛发展,现代化的信息流动日益加快。近年来,未成年人犯罪手段有向成人化、智能化方向发展的趋势,未成年主体的反侦察、逃避打击的能力明显增强。很多犯罪往往事先有预谋、有计划,或有组织地进行,作案后尽可能地销毁现场痕迹,给侦查机关破案制造障碍,以逃避打击。

一些未成年人作案时,还充分利用现代化的通信联络、现代化的交通工具和电子设备,给案件的侦破带来一定难度。

第二节 未成年人犯罪的原因分析及预防对策

一、未成年人犯罪的原因分析

未成年人实施犯罪,既有主观方面的原因,又有客观方面的原因。正是主、客观因素交互作用,促成了犯罪行为的产生。

(一)未成年人身心发展的不平衡

少年时期,是人一生中至为关键的一个时期,是从幼稚的儿童时期向青年期的过渡。处于这一特殊时期的人,无论从生理上还是心理上,都经历着一场剧变。从人的生理变化来看,主要表现为身体各个器官的成长速度急剧加快,身高、体重增加,生理发展迅速

走向成熟。

从人的心理变化来看,主要表现为求知欲增强,好奇心强,交往需要增加,有虚荣心,喜欢刺激,富于幻想,易接受暗示,模仿力强,有好胜心,易于冲动,爱感情用事,有较强的独立意向,希望根据自己的想法、兴趣去行事,认识问题直观、片面,缺乏成年人所有的分析、判断、辨别能力,其认知结构、情感结构、理智等方面无未达到成熟指标,心理发展滞后,不能与生理发展完全同步。这种身心发展的不平衡,使少年抵抗外部世界的干扰能力显得较为脆弱,一旦遇到外界不良因素的刺激,很容易作出越轨的举动,实施违法犯罪。

(二) 家庭不良因素的影响

家庭是未成年个人生活、成长的第一空间,是他们最早接触的"小社会"。

调查与研究表明,未成年人的身心在家庭这一环境中能否得到健康发展,与家长对家庭的责任感、态度、对子女的教育引导、自身性格与言行举止有着密切的联系。如父母对家庭具有强烈的社会责任感,对子女的态度适当,教育引导得法,自身性格、言行举止良好,家庭的内聚力、亲和力增强,正面影响加大,子女实施不正当行为、违法犯罪的可能性就小。反之,子女受到的负面影响大,实施违法犯罪行为的可能性就大,甚至直接导致犯罪。

影响未成年人犯罪的不良家庭教育环境因素主要有以下几种:

1. 溺爱

有些独生子女从小就受到家庭长辈的溺爱。他们中的一些人因而养成了不良性格,形成了不良的意识和行为习惯,例如,强烈的"自我中心"意识,自私、任性,他们对社会、家庭缺乏责任感,无奉献意识,对他人缺乏爱心和同情心,不达目的不罢休。为了达到个人目的,满足自身的需要,他们可以不择手段,不受任何约束,甚至不惜以身试法,以致走上违法犯罪的道路。

2. 疏于管教

一些家长对子女缺乏应有的管教。比如对子女身上的缺点错误,或是不闻不问,放任自流;或是蜻蜓点水,关心帮助不够;或是打骂了事。生活在疏于管教家庭中的子女因为得不到父母及时而悉心的管教,生成不良品性,或由小错发展成大错,直至违法犯罪。

3. 家庭暴力

对生活在暴力家庭中的未成年人来说,因耳濡目染,或亲身体验过暴力侵害,心理受损更为明显。发生在父母之间的暴力冲突,使家庭弥漫着紧张,甚至恐惧的气氛,给子女心中留下阴影。发生在父母与子女之间的暴力行为,易使子女养成仇恨、冷酷、撒谎、逆反等不良性格。家庭暴力现象往往会导致一些常遭暴力侵害的少年离家出走,到社会上去寻找温暖与"爱心",这就有可能被坏人所引诱利用;也有可能导致一些少年直接向社会施暴,向弱者施暴。

4. 单亲家庭

很多单亲家庭中,父母不能妥善处理相互之间的关系,这对未成年子女的健康成长极为不利。由于种种原因,一些单亲家庭中的父亲或母亲缺少了原来对子女的关心、体贴、爱护、管理、教育。有的家长甚至从一个极端走到另一个极端,粗暴地打骂子女,或者虐待子女。这些行为都给子女的身心造成了严重的伤害。一些子女因此变得孤僻、抑郁、自卑、冷漠,或烦躁不安、任性、仇恨父母,他们对学习、生活、家庭失去了信心。这种心理很容易被别有用心的人所利用。

5. 不轨家庭

不轨家庭是指家庭成员中有不道德或违法犯罪行为的家庭。生活在不轨家庭中的未成年人,易接受暗示,模仿成人的不良举止,久而久之,逐渐同化、堕落,最终滑入违法犯罪的泥坑。

(三)学校管理教育方面的缺陷

学校教育对未成年人的成长至关重要。学校教育方法不当是导致一些青少年流向社会,走向犯罪的重要因素。学校是传授知识、培养人才的场所,对于学生的培养原本应该是全方位的,但是很多学校片面追求升学率,重智育、轻德育,缺乏对青少年的思想品德教育和法制教育,使一些学生不知法、不懂法,缺乏普通的法律常识。

(四)社会不良现象的影响

社会不良现象对未成年人的影响也容忽视。一些低级文化市场侵害腐蚀着未成年人健康心理。比如未成年人沉湎于淫秽色情的"黄色污染"和虚拟的网络游戏中,心灵深受毒害,思想被扭曲,容易走上犯罪道路。

(五)不良社会交往

社会交往,从主观方面来说,是一种"人类机能"。从客观来讲,又是人的存在的方式。对未成年个体而言,随着年龄的增长,对家庭的依赖、依附心理逐渐减弱,独立意识增强,走向社会、与他人交往,建立友情的需要越来越强烈。在这种强烈的友情交往需要心理驱使下,一些未成年人失去了戒心,不慎结交了有不良行为的朋友,在语言交流和行为相互影响中,沾染了不健康的行为习惯,养成了不良的行为方式;有的少年则被一些违法犯罪分子腐蚀、引诱、拉拢,并在其影响下,误入歧途。

二、未成年人犯罪的预防对策

未成年人犯罪是一个社会问题,其产生的原因是多方面的,因此预防和治理未成年人犯罪是一项涉及全社会的系统工程,它涉及社会的各个方面,需要全社会共同参与,运用政治、法律、行政、经济、文化、教育的等多种手段,实行综合治理,齐抓共管,从根本上预防和减少未成年人违法犯罪。

（一）加强家庭预防

家庭是人生的第一课堂，家庭教育是教育的一种基本形式，是整个教育体系的重要组成部分，家庭教育的好坏，对子女的成长有着潜移默化的作用。作为家长，必须不断提高自己的文化素质，不论是言行举止，还是生活方式，都要严格要求自己，做子女的榜样和表率，同时讲究科学的管教方式，不专横也不纵容，营造良好的家庭氛围。不要随意训斥孩子，伤害孩子的自尊心，要在良好的家庭氛围中，促进未成年人健康的成长。

（二）加强学校预防

学校要加强思想、道德和法制教育，引导未成年人树立正确的人生观、世界观和价值观。一是抓好素质教育和品德教育。学校要改变片面追求升学率的做法，实现应试教育向素质教育的转变，切实加强未成年人的思想道德教育，培养其健全的人格情操。二是深入开展法制教育，要大力宣传《未成年人保护法》《预防未成年人犯罪法》，建立法制教育阵地和多种形式式的法制教育活动，使学生养成知法、学法、懂法、守法的良好习惯。三是加强对学生的管理，认真做好教育转化工作。针对学生个人的心理特点，有针对性地进行耐心教育和帮助，使其向正确的方向转化。

（三）加强文化娱乐市场的清理整顿，为未成年创造良好的社会环境

公安、工商、文化等部门要采取有效措施，清理整顿学校周边及附近其他不利于青少年健康成长的文化市场和娱乐市场，坚决取缔带有色情内容的游戏厅、录像厅、网吧等，严禁出版和发行、出租不健康内容书报、录像制品等，减少导致未成年人犯罪的条件。

学校在课余加强学习的思想教育和动脑、动手能力训练，培养学生的课余爱好，使学生既学好文化知识，同时又在一定条件下丰富其课外活动，使其树立高尚的道德情操，增强辨别是非善恶和抵制腐朽思想侵蚀的能力。

同时，政府部门应投入一定资金，建设未成年人活动场所，如建立少年宫、文化宫，举办科技展、绘画展及各种知识竞赛活动，以丰富多彩、积极向上的活动吸引青少年，陶冶他们的情操，使未成年人自觉远离不良场所等。

（四）建立、健全司法制度，预防和减少犯罪

我国刑法、刑事诉讼法对于未成年人犯罪处理问题在运用法律上有一些别于成年人犯罪的规定，如"讯问不满18岁未成年人时应当通知其法定代理人到场"；"已满14周岁不满16周岁未成年人犯罪案件一律不公开审理"；"已满16周岁不满18周岁未成年人犯罪案件一般不公开审理"；"已满14周岁不满18周岁的人犯罪应当从轻或者减轻处罚"，还有在辩护制度上也作了一些规定。这些法律规定对保护未成年的诉权利起着很好的作用。各级司法机关要严格按照这些法律法规，在办案中要严格遵守各项规定，做到程序合法、适用法律合法，以维护未成年人的合法权益。另外，在建立健全司法制度上也应做好以下几点。

第一,正确适用刑罚。

针对未成年人年纪小、法制观念淡薄,自控能力差,实施各种行为比较轻率、主观恶性小的特点,在处理未成年人犯罪时,实行教育、感化、挽救方针,坚持以教育为主、惩罚为辅的原则,对偶然犯罪、危害程度较轻、有悔罪表现的,一般从轻、减轻处罚,对同时具有从重和从轻情节的,优先考虑从轻处罚,以体现刑法从宽的精神。

第二,完善未成年人刑事法律制度。

在对犯罪的未成年人的羁押、缓刑、假释、减刑、附加刑方面,我国法律都作了有别于成年人的规定,在适用法律时司法机关应适用未成年人的法律规定。从保护未成年犯罪嫌疑人、被告人自尊心和改过自新的信心及社会效果考虑,应贯彻特殊的刑事政策。

(五)加强帮教,对未成年人实施"教育、感化、挽救"的方针政策

未成年人再次犯罪比率较高,对未成年人要本着治病救人的方针,用真诚的爱心感化、挽救失足未成年人。同时加强学校、家庭、社会三结合帮教工作。司法机关加强回访、考察,在失足未成年人居住地设置帮教机构,落实帮教措施。政府有关部门要采取有效措施,关心失足未成年人的学习和生活,要积极帮助不起诉、免除刑事处分和宣告缓刑以及被解除收容教育或刑满释放的未成年人的复学、升学、就业,真正把教育关怀的情感送给他们,使其在改造后可以自食其力,成为对社会有用的一员。

第十三章 职务犯罪

第一节 职务犯罪概述

一、职务犯罪的概念

职务犯罪是指国家工作人员或其他依法从事公务的人员利用职务上的便利,滥用职权、不尽职责,破坏国家机关正常活动秩序,致使国家和人民的利益遭受重大损失,依照法律应受处罚的行为。

本书所说的职务犯罪是犯罪学上的一种类型划分,刑法学中并没有将职务犯罪单独作为一章加以规定,而是分别在不同章节中分别规定了贪污贿赂罪、渎职罪等。

二、职务犯罪的特征

(一)主体的特殊性

职务犯罪要求主体必须是国家工作人员或其他依法从事公务的人员。

(二)与职务的相关性

1. 利用职务上的便利

利用职务上的便利是指职务主体在执行职务行为时,利用其职务上的便利实施犯罪的情形,如贪污、受贿、挪用公款等犯罪行为。

2. 滥用职权

滥用职权是指职务主体在执行职务行为时,滥用其职务的管理职能,从而导致犯罪的情形,如徇私枉法、报复陷害、私放罪犯、刑讯逼供、体罚虐待被监管人员等犯罪行为。

3. 不尽职责

不尽职责是指职务主体在执行职务行为时,不履行其依法应当履行且能够履行的义务,致使国家和人民的利益遭受重大损失,从而导致犯罪的情形,如玩忽职守罪、泄露国家机密罪等犯罪情形。

(三)客体的复杂性

首先,从职务犯罪的总体而言,一切职务犯罪均破坏了国家机关的正常活动秩序这一客体,这是其共性,从而体现了其亵渎公职的本质所在。

其次,从单个的具体职务犯罪而言,国家公务人员的职务犯罪所侵害的客体又大多是复杂客体,即除了破坏国家机关的正常活动秩序外,还侵害了刑法所保护的其他方面的法益。

正是职务犯罪在客体方面存在着共性与个性关系的复杂性,才使得职务犯罪难以纯粹地自成一章,因而我国刑法便将其放置于分则各章之中,例如,挪用特定款物罪由于同时侵犯了公共财物的所有权,因而刑法将其归于侵犯财产罪一章内;刑讯逼供罪因同时侵犯了公民的人身权利,因而被放置于侵犯公民人身权利、民主权利罪一章内;而其他较为纯正的职务犯罪,则被相对集中地纳入渎职罪一章。

三、职务犯罪的分类

(1) 依职务犯罪的罪过形式,分为职务上的故意犯罪和职务上的过失犯罪。

(2)依国家工作人员执行职务的特点,分为一般职务犯罪和特别职务犯罪。

(3)依国家工作人员执行职务时侵犯的主要客体,分为侵犯社会主义经济关系的职务犯罪;侵犯公民人身权利和民主权利的职务犯罪;妨害国家机关正常活动的职务犯罪;军人危害国家军事利益的职务犯罪;等等。

第二节 职务犯罪的原因分析及预防对策

一、职务犯罪的原因分析

(一) 人性的局限性与权力的二重性

人类社会普遍地存在着公共权力,这是维系社会有序运转的基础。但迄今为止,公共权力实际上只能由社会成员中的少数人来掌握和行使,这样就使公共权力本身具有一种内在的矛盾性,它一方面同社会整体利益相联系,另一方面同掌权者的个体利益相联系,这两种联系之间的冲突在所难免。而人性天生是存在弱点的,尽管人性善恶的命题几千年来争论不清,但"人无完人"的道理不容否认。

公共权力内在的矛盾性加之人性的局限性,决定了权力具有二重性:一方面,权力具有造福社会的趋向;另一方面,权力本身潜藏着一定的侵犯性和腐蚀性。当权力的扩张逾越一定的界限,即背离公共目标和公共利益时,就产生了所谓的"权力异化"现象,职务犯罪在本质上就是一种权力的异化。

尽管人类设立了各种制度来防止权力异化,也取得了一定的成效,但只要社会存在公共权力并且这种权力掌握在个人手中,权力腐败与职务犯罪现象就不可能绝迹。

（二）价值错位与心理失衡

从思想根源来看，职务犯罪的滋生源于行为人价值观念的错位。受封建社会"官本位"思想及西方社会"个人至上""拜金主义"等观念的影响，同时由于放松自身的思想道德修养，行为人在价值观念上产生了个人与社会关系的错位，他们把自我当成社会的中心，把公共权力视为私人特权，把个人利益凌驾于国家和人民利益之上，在面临外界的各种诱惑之下，价值错位必然导致行为人的贪欲膨胀和心理失衡。心理失衡的具体表现有以下几种。

1. 吃亏补偿心理

一些公职人员看到别人发财，就觉得自己吃亏，"我辛辛苦苦几十年还不如人家干一年"，从而产生了以权谋私，趁势"捞一把"的心理。

2. 投资回报心理

有人把权力看成"一本万利"的致富工具，通过跑官、买官谋到一定职位后，便迫不及待地把权力作为资本投入不正当交易，以获取巨额回报。

3. 人之常情心理

传统文化中，人情主义、面子文化等观念根深蒂固，而人情化和关系网很容易使人丧失原则，不少公职人员正是在"人之常情""情面难却"等心理驱动下而放弃心理防线的。

4. 为公无过心理

一些人头脑中存在"只要为公，自然无过"的认识，"我不是为了自己"成为理直气壮的辩解。在这种心理支配之下，他们滥用权力谋取地方利益和单位利益，置国家和人民的根本利益于不顾。

5. 法不责众心理

"法不责众"意识在传统法文化中由来已久，它在某种程度上为腐败分子提供了一个心理保护层，同时在客观上也成为反腐败的心理障碍。目前，"集体腐败"成为职务犯罪的一种新现象，其实质就是行为人期望通过集体决策分散责任以逃避惩罚。

6. 侥幸过关心理

这是腐败分子较为普遍的一种心理特征，其实质是一种心理的自我安慰。正如有人指出，如果行为的后果给自己带来的利益要大大高于受惩罚的恶果时，如果在他之前的类似行为在逃避处罚方面都获得成功时，就会促使犯罪分子实施某种行为。在职务犯罪中，行为人的职权身份、靠山与关系以及作案手段的隐蔽性等，更是强化了其侥幸心理。

二、职务犯罪的预防对策

（一）职务犯罪的道德控制

道德控制，是指通过加强对公职人员的思想道德教育，提高其抵御外界各种致罪因素的免疫力,以达到所谓的使人"不想犯"的境界,这是预防职务犯罪的第一道防线。

一方面,相对于法制背后的国家强制力而言,道德固然是一种"软约束",道德规范一旦内化为人的信念,其作用是不容忽视也不可替代的。

另一方面,任何法律和制度都是靠具体的人去操作的,如果人的道德素质低下,再好的法律也可能变成一纸空文,再严的制度也会被钻空子。

中华传统文化中,对于"德治"是极为重视的,这在今天仍是有极高的借鉴价值的。本书认为,预防职务犯罪的最佳对策应是"软硬兼施",即把道德的"软约束"同法制的"硬约束"有机结合起来,使二者功能互补。

(二)职务犯罪的社会控制

社会控制,就是"把社会生产和生活组织到尽可能高的有序状态","控制犯罪的最优方案就是控制社会"。对于职务犯罪的社会控制而言,核心是制度建设,即以体制改革和制度创新来约束权力的运行,这是遏制职务犯罪的根本途径。如果把道德控制称为"严教",把司法控制称为"严惩",那么,社会控制可以称为"严管"。

严教、严惩、严管三者各有侧重,不可或缺,其中最根本的就是严管,严管的目标是使人"不能犯",这是治本之策。

(三)职务犯罪的司法控制

司法控制,是指国家刑事司法系统通过惩罚犯罪与改造罪犯对犯罪实行控制。司法控制是控制职务犯罪的最后屏障,其目标是借助于刑罚的强大威慑力,使潜在犯罪人"不敢犯"。相对于道德控制和社会控制而言,司法控制比较容易操作,见效也比较快,因此,在实践中备受青睐,实际上居于犯罪控制系统的中心。

参 考 文 献

1. 王牧.新犯罪学(第三版)[M].北京:高等教育出版社,2016

2. 张远煌.犯罪学(第四版)[M].北京:中国人民大学出版社,2021

3. 张小虎.犯罪学(第二版)[M].北京:中国人民大学出版社,2017

4. 吴宗宪.西方犯罪学(第二版).北京:法律出版社,2006

5. [意]贝卡里亚:论犯罪与刑罚[M].黄风译.北京:中国大百科全书出版社, 1993

6. [意]龙勃罗梭:犯罪人论[M].黄风译.北京:中国法制出版社,2005

7. [意]恩里科.菲利:犯罪社会学[M].北京:中国人民公安大学出版社,2004

8. [意]加罗法洛:犯罪学[M].耿伟、王新译.北京:中国大百科全书出版社,1996

9. [法]迪尔凯姆:社会分工论[M].渠东译.北京:生活·读书·新知三联书店 2000

10. [德]汉斯.约阿希姆.施奈德:犯罪学[M].吴鑫涛,马君玉译.北京:中国人民公安大学出版社,1990

11. 李洪海,林秉贤编选:国外犯罪学研究文集[M].北京:中国展望出版社,1985

12. 莫洪宪:有组织犯罪研究[M].北京:湖北人民出版社,1998

13. 冯树梁.中国预防犯罪方略[M].北京:法律出版社,1994

14. 康树华等编.犯罪热点透视[M].北京:群众出版社,1997

15. 王牧.犯罪学[M].长春:吉林大学出版社,1992

16. 阴家宝:新中国犯罪学研究综述[M].北京:中国民主法制出版社,1997

17. 苏力.法治及其本土资源[M].北京:中国政法大学出版社,1998

18. 康树华、赵国玲.犯罪热点透视[M].北京:群众出版社,1997

19. 康树华.女性犯罪论[M].兰州:兰州大学出版社,1988

20. 佟新.女性违法犯罪解析[M].重庆:重庆出版社,1996

21. 康树华,赵可.国外青少年犯罪及其对策[M].北京:北京大学出版社,1985

22. 林准等.中国少女犯罪与司法[M].北京:世界知识出版社,1995

23. 康树华.家庭、青少年犯罪与救治[M].重庆:重庆出版社,1996

24. 康树华.青少年法学[M].北京:北京大学出版社,1986

25. 于志刚.论犯罪的价值[M].北京:北京大学出版社,2007

26. 黄教珍:社会转型期青少年犯罪的心理预防和教育对策[M].北京:法律出版

社,2008

27.徐苏林:当前党员领导干部困惑的职务犯罪疑点、热点问题解析[M].北京:中国检察出版社,2007

28.严励.刑事司法与犯罪控制的新发展[M].北京:中国法制出版社,2007

29.陈光中.联合国打击跨国有组织犯罪公约和反腐败公约程序问题研究[M].北京:中国政法大学出版社,2007

30.王娟.犯罪学概论[M].北京:中国政法大学出版社,2007

31.刘晓梅.中国构建和谐社会进程中犯罪防控研究[M].天津:天津社会科学院出版社,2007

32.吕瑞萍.犯罪与侦查行为心理[M].郑州:郑州大学出版社,2007

33.欧阳卫民.中国洗钱犯罪类型学初探[M].北京:法律出版社,2007

34.熊云武编.犯罪心理学[M].北京:北京大学出版社,2007

35.汪明亮:犯罪生成模式研究[M].北京:北京大学出版社,2007

36.杨兴,谭涌涛.环境犯罪专论[M].北京:知识产权出版社,2007

37.孔一.犯罪学研究的实证主义范式[M].北京:群众出版社,2007

38.于萍.犯罪心理学[M].北京:群众出版社,2007

39.阮传胜.恐怖主义犯罪研究[M].北京:北京大学出版社,2007

40.王大中等.犯罪现场新概念及再现[M].北京:中国人民公安大学出版社,2006

41.熊一新.社会转型期犯罪新问题研究丛书[M].北京:中国人民公安大学出版社,2007

42.徐跃飞.黑社会性质组织犯罪研究[M].北京:中国人民公安大学出版社,2007

43.覃珠坚,刘建昌,朱俊强.恐怖犯罪防范控制与法律适用[M].北京:中国人民公安大学出版社,2006

44.赵远.金融实务与金融犯罪[M].北京:中国人民公安大学出版社,2006

45.武和平.黑社会犯罪新论[M].北京:中国人民公安大学出版社,2006

46.李锡海.文化与犯罪研究[M].北京:中国人民公安大学出版社,2006

47.周良沱.犯罪学群论[M].北京:中国人民公安大学出版社,2007

48.杨佩正.涉讼犯罪论[M].北京:中国检察出版社,2007

49.黄志强:医药卫生领域职务犯罪预防[M].长春:东北大学出版社,2006

50.张小虎.犯罪论的比较与建构[M].北京:北京大学出版社,2006

51.胡联合.转型与犯罪——中国转型期犯罪问题的实证研究[M].北京:中共中央党校出版社,2006

52.康树华.当代中国热点与新型犯罪透视[M].北京:群众出版社,2007

53.许细燕,刘向阳,翟凯夏.广东绑架犯罪问题研究[M].北京:群众出版社,2006

54.张利兆.未成年人犯罪刑事政策研究[M].北京:中国检察出版社,2006

55.张功.秦汉逃亡犯罪研究[M].武汉:湖北人民出版社,2006

56.许兴荣.犯罪心理学原理[M].贵阳:贵州教育出版社,2006

57.刘白驹.性犯罪:精神病理与控制[M].北京:社会科学文献出版社,2006

58.冯建仓,陈文彬.国际人权公约与中国监狱罪犯人权保障[M].北京:中国检察出版社,2006